위험한
일본책

위험한 일본책

서울대 박훈 교수의
전환 시대의 일본론

박훈 지음

어크로스

일러두기

1. 일본어 발음은 국립국어원의 외래어 표기법 규정을 따랐지만, 관례로 굳어진 경우는 예외를 두었다.
2. 일본의 인명과 지명은 일본어 발음으로 표기하였다.
3. 인명과 지명 외의 일본어 단어는 기본적으로 일본어 발음 표기를 따르되, 한국어에서 우리말 한자음으로 사용되는 경우가 많거나(예: 천황天皇, 막부幕府, 번藩), 일본어 발음으로 표기할 경우 지나치게 생경해져 한자음으로 읽는 것이 뜻을 이해하기 쉽다고 판단되는 경우(예: 폐번치현廢藩置縣)에는 한자음으로 표기했다.
4. 일본어 발음으로 표기하는 명사에 한국 독자에게 익숙한 일반명사나 접사가 붙어 한 단어가 된 경우, 붙은 한자어는 한자음으로 표기했다. (예: 메이지유신明治維新)
5. 이 책에 실린 글의 다수는 〈경향신문〉 '역사와 현실' 코너에 연재한 글을 재가공한 것이다. 그 외에 〈동아일보〉, 〈서남포럼 뉴스레터〉, 《서울리뷰오브북스》에 실린 글들을 엮고 보완해 새로 정리했다.

프롤로그

일본이라면 무조건 "노!"라고 외치는 사람들에게

한국인들은 20세기 내내 '민족주의'에 기대 살아온 사람들이다. 유교적 보편문명의 사고에 너무 익숙한 나머지, '민족nation'이라는 근대의 발명품을 잘 받아들이지 못했고, '민족'을 막 알아가려던 참에 망국의 비운을 당했다. 어쩌면 나라가 망한 후 타국의 압제하에서 '민족'을 온전히 알게 되었다고 할 수 있을지도 모른다. 그래서 '민족'이란 한국인들에게 마치 가질 수 없는 연인처럼 더 절절한, 어떤 것이 되어버렸다.

'민족주의자nationalist'가 우리말의 국수주의자와 비슷한 어감으로 통용되는 다른 선진국에서와는 달리, 한국에서 그 말은 여전히 칭찬이다. 그러니 '이제 민족주의는 그만'이라는 말에 많은 한국인들은 당혹감을 느낄 것이다. 그렇지만 민족주의의 만연이 더 이상 우리 민족에게 도움이 되지 않는 시점에 와 있다고, 나는 본다. 예전의 민족주의가 한국인들을 단결시키고 그 정체성을 유지하는 데 결정적으로 기여했다면, 지금은 우리를 배타적·폐쇄적으로 만들고, 과학과 학문이 제시하는 곳과는 다른 길로 오도하는 데 쓰이고 있다. 멀리 갈 것도 없다. 북한을 보라. 주체사상의 나라, 북한만큼 민족주의적인 나라는 지구상에 달리 없을 것이다. 그러나 동시에 그 나라만큼 민족주의의 폐해를 선명히 보여주는 경우도 없다.

이 세상에 언제든지, 어느 곳에서나 좋은 것은 없다. 절대적 가치인 것처럼 보이던 것도 때와 장소에 따라 전혀 다른 의미를 갖게 된다. 만인의 우러름을 받던 민족주의자가 정작 독립이 되어 집권하고는 자기 민족에 학정을 펴는 경우는 비일비재하다. 민족주의는 영원한 진리도, 절대적 선도 아닌, 많은 얼굴을 한 이데올로기일 뿐이다.

한편 한국의 민족주의는 특이한 점이 있다. 민족주의란 모름지기 모든 타 민족에 대한 반항에서 출발해야 할 텐데 한국의 그것은 상대를 봐가며 선택한다. 소련·중국을 미워하는 사람들이 미국에는 온순하며, 미국을 잡아먹지 못해 안달하는 사람들이 소련·중국에는 순한 양이다. 민족주의자란 원래 내 민족을 제외하고는 전방위 난사를 하는 사람들이다. 일본의 민족주의자들, 즉 우리가 흔히 말하는 '일본 우익'들은 태평양전쟁의 적국 미국뿐 아니라 적화赤化의 본고장 소련(러시아), 항상 대국 행세를 하는 중국 모두에 적대적이다. 한국·북한은 말할 것도 없다. 이런 면에서 한국 민족주의는 '짝퉁'이랄 수밖에 없다.

그런데 한국 민족주의가 일치단결하는 지점이 있다. 바로 반일反日이다. 앞에서 언급한 대로 민족의 형성기에 일제 식민지로 전락했으니 당연한 일이다. 식민지 된 지 110년이 넘었고, 해방된 지 80년이 다 되어가는 지금(2023년)까지도 반일 민족주의는 약해지기는커녕 더 기세를 떨치고 있다. 그것이 일본에 대한 정당·정확한 비판이라면 뭐가 나무랄 일이겠는가. 그러나 내가 우려하는 것은 많은 반일 담론이 과학·학문적 근거에, 심지어는 건전한 상식에 기초하지도 않는 경우가 너무 많다는 점이다. 그리고 그런 말들이 시정市井이나 사담私談 수준을 벗어나, 언론·교과서·교양서 등 공공 영역에서 태연하게 유통되고 있다는 점이다. 이른바 '반일무죄反日無罪'다. 일본을 공격하는 거라면 다소간에 과장, 왜곡, 심지어는 은폐·날조가 있더라도 눈감아준다. 오류를 알면서도 쉬쉬하며 못 본 체한다. 그러다 문제가 생기면 '아니면 말고'다.

이런 일본 비판은 국내에서는 박수 받을지 모르지만, 국제 무대에서는 공포탄空砲彈이다. 한국에 호의적인 이른바 일본의

'양심 세력'도 떠나가게 만든다. 한국의 일본 비판이 한국인의 양식과 지성을 의심케 하는 것이 돼서야 되겠는가. 허공에 휘두르는 주먹이 아니라 뼈 때리는 비판이 되어야 한다. 그런 비판이 되려면 목청만 높이는 대신, 차분히 앉아 생각하고 공부하고 조사해서 신중히 말해야 한다. 그리고 오류가 발견되었을 때에는 즉각 인정하고 시정해야 한다. 그럴 때 세계인들도, 일본인들도 한국의 대일 비판을 납득하고 존중할 것이다.

'난 네가 옛날에 한 일을 다 알고 있다…….' 사실 한국인만큼 일본을 비판할 능력과 자격을 갖춘 사람들도 드물 것이다. 일본에 오랜 기간 고초를 겪었고 일본을 잘 알고 있기 때문이다. 그러나 '비판을 위한 비판'이 되어서는 안 된다. 피해의식에 기초한 일본 비난은 더 많은 사람을 장기간에 걸쳐 설득하는 데 한계가 있다. 우리는 일본 비판을 통해 한 차원 더 높은 단계로 나아가야 한다. 민족주의가 아니라 자유와 민주, 법치와 인권, 평화와 복지의 세상을 여는 담론이 되지 않으면 안 된다. 그럴 때 일본도, 세계인들도 우리를 존중할 것이며, 한국인들도 그를 통해 한 차원 높은 단계로 고양될 것이다.

이 책은 위와 같은 문제의식에서 그동안 〈경향신문〉과 그 외 몇몇 매체에 기고한 글을 모은 것이다. 독자들이 읽기에 다소 불편한 부분도 있을 것이다. 그래서 출판사에서 '위험한 일본책'이라는 제목을 달았는지도 모른다. 그러나 21세기 초두,

세계 최초로 식민지에서 선진국이 된 한국에서, 이런 필자의
의견이 더 이상 '위험'하다고 느껴지지 않고 상식적 견해가 되
길 바라는 마음, 간절하다.

차례

2부
무시와 두려움 사이
한국과 일본 상호 인식의 덫

3부
콤플렉스를 넘어서 미래로
일본을 다루는 법

1부

가까운 나라, 판이한 문화

한일 역사의 갈림길

───── 1996년 일본 유학을 시작해서 처음 받은 인상은 한국과 참 비슷하다는 거였다. 사람 생김새, 도로 표지판, TV 프로그램, 2차로 이어지는 술자리 등등. 다른 것은 겨우(?) 여성들의 화장법, 헤어스타일, 그리고 3차로까지는 이어지지 않는 술자리 정도였다. 그런데 생활하는 내내 불편함이 가시지 않았다. 잠시 귀국이라도 하게 되면 한국인들의 거친 생각과 불안한 눈빛이 편하게 느껴졌다. 일본 생활이 길어지면서 '아, 이 두 나라는 겉만 비슷하지 속은 딴판이구나' 하는 생각을 갖게 됐다.

그것은 조선 후기(일본 도쿠가와德川 시대)부터 약 200~300년간 켜켜이 쌓아온 양국의 역사적 유산에서 나오는 차이였다. 이런 걸 '민족성', 혹은 '국민성'이라고 초역사적으로 말하길 좋아하는 사람들도 있지만, 난 그런 데까지는 인정하지 않는다. 이런 특징도 시간이 지남에 따라 또 변화할 것이기 때문이다. 다만 이전부터 전개되어온 역사가 만들어낸 특질이 각 사회의 저변에 한동안은 영향을 미치는 것이 사실일 것이다. 1장은 그런 특징을 역사학자의 입장에서 지적한 '한국론, 일본론'이라 할 것이다.

2장과 3장은 한국과 일본 근대사의 분기점을 다룬 것이다. 당연히 일본은 대성공의 역사였고, 한국은 대실패의 세월이다. 당시의 일본인들은 무엇보다 세계 대세에 민감했다. 열심히 읽었고 진지하게 들었고 치열하게 공부했다. 그리고 다툼을 최소화하고 단결했다. 같은 시기 한국은 아마도 2000년 역사상 가장 지리멸렬한 상태였을 것이다. 10대 무역국이고 최대 유학생 보유국 중 하나가 된 지금 되돌아보면, 과연 이게 같은 민족인가 할 정도로 눈을 닫고 귀를 가렸으며 게을렀다. 제대로 공부하는 사람은 없고 호통치는 사람만 온 나라에 가득했다. 방향을 제대로 잡은 개화파는 수구 세력의 공격과 끝없는 내부 분열로 힘을 쓰지 못했다. 안타까운 시간이었다. 이 트라우마 때문인지 한국 시민들은 이 시기를 좀처럼 직시하려 하지 않았다. 일본의 침략성을 규탄하거나 '구한말처럼 되지 말자'는 구호에 그쳤을 뿐, 역사의 진상을 정면에서 응시하려는 자세는 충분하지 않았다.

19세기 후반만 보면 한국의 완패다. 그러나 1945년까지 기간을 늘려서 보면 일본 역시 대실패를 겪었다. 태평양전쟁에서 미국에 패하여 2000년 역사상 처음으로 외국군에 점령당하는 수모를 겪었다. 원인은 역시 세계 대세를 거스른 데 있었다. 조선과 중국 침략이 일본 국익에 결코 도움이 되지 않음을, 안중근, 안창호, 이승만, 김구가 한결같이 경고했건만, 그를 무시하고 조선·중국 내셔널리즘을 적으로 돌렸다. 그리고 세계의 주류 세력인 미국·영국에 무력으로 도전했다. 자국의 능력에 맞는 냉철한 국가 전략은 내팽개치고 헛된 야욕만 하늘 높은 줄 모르고 커져갔다. 결과는 대재앙이었다.

　20세기 후반, 21세기 전반까지 시야를 넓혀보면 어떤가. 한국과 일본은 다 같이 대성취를 이뤘다. 일본은 포악한 전쟁 국가에서 80년 동안 한 번도 전투를 하지 않은 국가로 변했다. 경제적, 문화적 성취는 말할 필요도 없을 것이다. 전후 일본은 전쟁 안 하고도 강대국이 될 수 있음을 스스로에게, 또 세계에 증명했다. 한국의 변화는 가히 혁명적이다. 원조받던 나라에서 원조를 주는 나라로, 세계 최빈국에서 선진국으로 도약했다. 한국의 80년은 제국주의를 하지 않아도 선진국이 될 수 있음을 인류 역사에 보여줬다. 한국 근대사의 세계사적 의의다.

　이 글은 이와 같은 관점에서 한국과 일본의 장단점을, 그리고 근대사의 성패를 곱씹어보고자 한 것이다. 이에 기초해서 '일본의 유신'과 '한국의 혁명'을 키워드로 장기적 시야에서 한일 근현대사를 다시 서술해보고 싶다.

　　　　　　　　　　　　　　　　　위험한 일본책

1장

한국과 일본,
비슷한 듯 다른 듯

───── 나는 민족마다 태고 이래의 민족성, 국민성 따위가 있다고 주장하려는 것이 아니다. 그런 것들은 역사의 풍파를 겪으며 얼마든지 변할 수 있기 때문이다. 다만 적어도 조선 후기, 즉 앞선 200~300년간의 역사가 만들어낸 우리 사회의 특질은 지금도 강하게 우리를 규정하고 있다. 그것은 일본도 마찬가지다. 이걸 공부하고 주목해야 한다.

소용돌이의 한국, 상자 속의 일본

일본에서 음식 차리는 것을 보면 밥은 두어 홉을 넘지 않고 반찬도 두어 가지에 지나지 않아 몹시 간소하다. 다 먹으면 다시 덜어서 먹기 때문에 남기는 일이 없다. (중략) 여름에 파리와 모기가 매우 드문데, 이는 실내가 정결하고 지저분한 물건이 없기 때문이다. (중략) 길가에서 행렬을 구경하는 사람들도 모두 질서정연하고 엄숙한 분위기라 떠드는 사람이 없다. 인파가 수천 리 길에 이르렀는데 단 한 명도 제멋대로 행동하여 행렬을 방해하는 사람이 없다.

내가 20여 년 전 일본 유학을 갔을 때 일본의 인상이 딱 이랬다. 일본을 가보신 독자들도 비슷한 인상을 갖고 계실 것이다. 그런데 이건 내 얘기가 아니고 1719년 일본에 갔던 조선통

신사 신유한이 한 말이다.(《조선 문인의 일본견문록: 해유록》)

'질서를 잘 지키고 줄을 잘 선다', '깨끗하고 위생적이다', '친절하다'. 우리가 일본을 선진국이라고 생각하는 이유들이다. 일본이 근대화를 빨리 해서 앞서 있으니, 우리도 부지런히 따라가야 한다고. 하지만 신유한이 전했듯 그들이 줄 잘 서고 말 잘 듣는 건, 근대화 때문이 아니라 도쿠가와 시대부터 원래(?) 그랬다.

신유한의 말을 좀 더 들어보자. "일본인들은 상하관계가 한번 정해지면 위아래의 구별이 엄격하여 아랫사람이 윗사람을 공경하고 두렵게 여기며 (중략) 엎드려 기면서 시키는 일을 한 치도 어긋나지 않게 받들어 행한다." 지하철이 운행을 멈춰도, 세습 의원들이 국회의 30퍼센트 이상을 차지해도 그저 조용하기만 한, 지금의 일본 국민과 비슷하지 않은가.

그럼 조선인은 어땠나. "조선에서는 천하의 사람들이 모두 경쟁하는 데 몰두한다. (중략) 이 나라에서는 아랫사람이 윗자리로 올라가는 일이 곧잘 벌어지기 때문에 자연히 사람들이 머리를 굴리는 일이 많고 뇌물도 행해져 아침에는 출세하고 저녁에는 망하니 조용할 날이 없다." 누가 한 말인지 참 신랄하지만 고개가 끄덕여지며 웃음이 피식 나온다. 도쿠가와 시대 일본 최고의 조선통이었던 아메노모리 호슈雨森芳洲의 조선평이다. 과거 노태우 대통령이 방일했을 때 한일 우호의 상징적 인물로 언급했던, 바로 그 사람이다. 아메노모리 호슈는 거기에 살짝 덧붙인다. "일본 사람들은 제각기 그 분수가 정해져 있으니 좋은 나라다."(아메노모리 호슈,《한 경계인의 고독과 중얼거림》)

실제로 최근의 한국사·일본사 연구는 도쿠가와 시대 일본에 비해 조선 사회가 신분 이동이나 지역 이동 면에서 훨씬 유동적이었다고 밝히고 있다. 조선의 촌락은 일본에 비해 공동체적 성격이 희박했기 때문에 촌락에만 생계를 믿고 맡길 수 없었던 백성들은 촌락을, 혹은 군郡 경계를 뛰어넘어 활발히 이동했다(지금도 한국은 이사 왕국이다). 일본의 종족은 작은 범위에 분포하는 반면, 조선의 종족은 전국적으로 퍼져 있다. 김해 김씨는 김해에만 있지 않고, 밀양 박씨는 밀양보다 다른 곳에 더 많다.

신분적으로도 그렇다. 사무라이는 공식적으로 분한장分限帳이라는 리스트에 이름이 올라 있는 자들로 제한돼 있었지만, 양반은 법제적으로 규정되어 있는 신분이 아니었다. 과거시험에 합격하여, 혹은 이런저런 재주를 부려 양반이 되는 사람들이 많았다. 오죽하면 정약용이 "온 나라가 양반이 되어가고 있다"고 했을까. 실제로 우리는 현재 전 국민이 양반이 되었다. 차 모는 분도 '기사 양반'이고, 옆에 지나가는 사람도 '저 양반'이다. 전 국민이 족보에 등재되어 있음은 말할 것도 없다.

조선 사회는 역동적이고 신분제는 유동적이었다(다르게 말하면 거칠고 혼란스러웠다). 중앙(서울)으로 휘몰아치는 소용돌이의 사회, 이것이 조선이다(그레고리 헨더슨,《소용돌이의 한국정치》). 반면 도쿠가와 시대 일본은 수백 개의 상자가 위아래로 서열적으로 쌓여 있고, 모두 그 상자 안에서 분수를 지키며 살아가지 않으면 안 되는 사회였다. 그 안에서 열심히 하면 인정받지만, 그 상자를 벗어나 위나 옆 상자로 들어가는 것은 쉬운 일이 아니었다. 과연 지금의 한국, 일본과 얼마나 다른가?

　　나는 민족마다 태고 이래의 민족성, 국민성 따위가 있다고 주장하려는 것이 아니다. 그런 것들은 역사의 풍파를 겪으며 얼마든지 변할 수 있기 때문이다. 다만 적어도 조선 후기, 즉 앞선 200~300년간의 역사가 만들어낸 우리 사회의 특질은 지금도 강하게 우리를 규정하고 있다. 그것은 일본도 마찬가지다. 이걸 공부하고 주목해야 한다. 우리 사회의 많은 현상들이 최신·최고의 서양 이론이나 모델로 도무지 해명되지 않는 것은, 우리가 이런 특질에 무지하기 때문이다. 한국인의 강한 신분 상승욕, 서울 지향성, 엄청난 규모의 정치 집회, 여론 정치의 경향, 활발한 해외 이주, 하다못해 다른 나라에서는 찾아볼 수 없는 전세라는 이상한 제도에 이르기까지 이런 시각에서 보면 해명될 수 있는 문제들이 많다.

도시의 일본, 농촌의 조선

　　조선 후기 연구가 활발해지면서 이제 한일 비교사(주로 조선 후기와 도쿠가와막부 시대 비교)가 조금씩 가능해지고 있다. 막연한 인상 속의 사안들을 학문적으로 증명하는 경험은 짜릿하다. 그 시절에도 한국과 일본은 비슷하면서도 많이 다른 사회였다.

　눈에 띄는 것은 문인(양반)과 무인(사무라이)이라는 지배층의 차이다. 이 차이는 생각보다 현격한 것이어서 일본은 아마도 전 세계에서 가장 늦게까지 지배층이 상시 무장을 했던 사회일 것이다. 사무라이는 두 개의 칼을 항상 패용하고 다녔는데, 무기 사용은 정당방위 때만 허용되는 게 아니었다. 예를 들면 평민이 심각한 무례를 범했을 때 그를 베는 것이 가능했다(기리스테 고멘切捨御免). 이에 비해 조선은 비무장에 가까운 사회였

다 해도 과언이 아니다. 군역을 지지 않는 양반과 무기의 거리
는 더욱 멀었다.

　도시화율의 비교도 선명하다. 18세기 일본은 인구 10만 이
상의 도시에 전 인구의 5~6퍼센트가 살고 있었다. 동 시기 유
럽은 10만 이상의 도시에 2퍼센트의 인구가 거주했을 뿐이다.
에도江戶(지금의 도쿄)에 100만 명, 오사카와 교토에 38만, 34만
명의 사람들이 살았을 뿐 아니라 인구 5만~10만 명에 이르는
조카마치城下町(영주의 성을 중심으로 형성된 도시)가 즐비했다.

　반면 조선은 비교적 높은 농업 생산력을 갖고 있었음에도
도시 발달이 더뎠다. 수도 한성의 인구가 30만 명이 못 되었
고, 그 밖에 조카마치 수준의 도시는 평양, 개성, 대구 등 손에
꼽을 정도였다. 일본은 전국시대가 끝나면서 지방 세력을 억
제하기 위해 모든 사무라이들을 조카마치에 강제 이주시켰
다(병농분리). 순수한 소비 계층인 무인들이 대거 집주하게 되
니 자연히 이를 지탱하는 상업이 발달하고 인구가 증가했다.
조선의 지방 양반들은 기본적으로 도시에 살지 않고 하회마
을 같은 데서 살았다. 각 군郡의 도시라 할 읍邑에는 양반이 아
니라 서리나 상인들이 거주했다. 일본인 하면 떠오르는 '규율,
질서, 복종, 위생' 등등은 군사 사회와 도시 문화에서 오랫동
안 배양되어온 것이다. 실제로 도쿠가와 시대 일본을 방문한
조선통신사들은 거리의 일본인들이 행렬을 구경하면서도 대

열에서 이탈하거나 떠들지 않고 위에서 시키는 대로 따르는 모습에 강한 인상을 받았다.

도시와 상업이 이렇게 발달했다면 사회적, 지역적 유동성도 일본 쪽이 높을 것 같지만 실제는 달랐다. 일본은 조선보다 더 철저한 신분사회였다. 사무라이-상인(조닌町人)-농민-부락민(천민)으로 엄격히 구분됐을 뿐만 아니라 각 신분 내에서도 계층 차는 강력하게 유지되었다.

신분만이 아니라 직업도 잘 바꾸지 못했다(않았다). 초밥집을 하는 이에家의 자손은 으레 그 일을 평생의 업으로 알고 살았다. 대가 끊기거나, 자손이 있더라도 초밥집을 감당할 능력이 없다고 생각될 때는 재능 있는 양자를 들여 초밥집을 유지했다. 때로는 성이 다른 사람이 양자로 들어오기도 했다. 혈연보다 가업을 앞세우는 것이다. 이러니 그 초밥이 맛없을 수가 있겠는가, 그 초밥집이 오래가지 않을 수가 있겠는가. 성姓은 혈연의 이름이자, 이에의 상호商號였다. 일본 회사나 가게 이름에 스즈키, 다나카 등 곧잘 성이 붙어 있는 이유다.

거기에 비하면 조선의 가문은 무엇보다 혈연이 최우선이다. 대가 끊기면 재능보다는 같은 혈연의 양자를 들였다. 타성양자他姓養子란 생각하기 어려웠다. 직업은 자주 바뀌었다. 구한말 서울 종로를 방문한 한 일본인이 "어떻게 1년을 가는 가게가 없냐"며 놀라더라는 기록을 본 적이 있다. 지금도 우리 아

파트 앞 상가는 잠시 방심하면 다른 가게가 들어와 있다.

일본을 찾는 한국인 관광객이 급증하고 있단다. 이왕이면 이런 역사적 배경을 염두에 두며 일본 사회를 관찰해보는 것은 어떨까. 초밥집 주인에게 영업한 지 얼마나 되었냐고 한번 물어봐도 좋겠다.

문의 나라 한국, 무의 나라 일본?

　　일본의 한 신문이 설문조사를 했더니 남자 어린이
의 장래 희망 1순위가 놀랍게도(!) 학자, 박사였다(한국 남자 어
린이는 운동선수). 흔히 한국은 문文의 나라, 일본은 무武의 나라
라고 한다. 그러나 출판·신문 시장의 규모가 말해주듯 인구
비율을 감안한다 해도 독서 인구는 일본이 압도적으로 많다.
스마트폰이 책을 초토화시킨 현재도 공공장소에서 독서하는
일본 시민들을 쉽게 볼 수 있다.

　일반 독서 말고 학문은 어떠한가. 매년 연말 노벨상 시상식
때가 되면 새삼스레 일본 학문의 저력에 놀라게 된다. 노벨상
을 누워서 떡 먹듯 받기 때문이다. 노벨상은 주로 이과 계통
학문에 주어지는데, 문과 계통 학문의 수준은 어떨까. 아마도
사회과학이 세계 최고 수준이라고 말하기는 어려울 것이다.

그러나 내가 속한 분야인 역사학, 혹은 동아시아학에서 20세기 세계 학계를 이끌어온 것은 일본 학자들이었다. 이 말은 맞기도 하고 틀리기도 하다. 그들의 학문 수준은 세계를 압도했지만, 영어(구미어)가 아니라 주로 일본어로 작업했기 때문에 영향력은 그 가치의 몇십 분의 1에 머물렀다. 그러니까 수준은 세계 최고였으나 영향력은 간접적이었고, 때로는 묻혔다.

내가 동양사학을 배우던 대학원에서도 일본의 벽은 높았다. 그건 꼭 내가 일본을 전공했기 때문은 아니었다. 중국사도 그랬다. 대학원이 끝나갈 무렵 국제적으로도 명성이 높았던 중국사 교수님이 수업 중에 "지금은 아니지만 옛날에 도쿄대학교에 콤플렉스를 느낄 때는……"이라고 말씀하시던 게 기억난다. 그 뒷얘기는 뇌리에서 사라졌지만 그 단락만은 선명하게 남아 있다. 나는 그때 왠지 모를 뿌듯함을 느꼈다. 물론 그건 중국사의, 혹은 그 특출났던 그 분의 독립선언일 뿐이었겠지만. 그동안 영어권의 동아시아사 연구도 약진했고, 무엇보다 중국인의 연구가 대국굴기大國崛起의 형세다. 한국의 연구도 많이 발전했다. 반면 일본의 중국사나 일본사 연구는 예전 같지 않다. 그래도 마치 일본 제조업이 여전히 단단한 것처럼 일본의 학문은 여전히 단단하다.

서설이 너무 길었다. 내가 여기서 얘기하고 싶은 것은 도대체 사무라이의 나라, 무의 나라 일본이 어쩌다가 세계가 주목하는 문의 국가가 되었느냐는 것이다. 그 연원을 찾으려면 조금 거슬러 올라가야 한다. 퇴계 이황이 고봉 기대승과 수준 높은 철학적 논쟁을 벌이고 있던 시대에 일본에서는 오다 노부나가織田信長, 도요토미 히데요시豐臣秀吉 같은 무장들이 군웅할거하고 있었다(전국시대). 서원이나 향교, 과거나 상서上書 같은 것이 있을 리 만무했다. 있는 것은 오로지 근육과 칼, 힘과 전투뿐이었다. 과연 양국은 문의 나라, 무의 나라라고 불릴 만했다.

그런데 끝날 것 같지 않던 전쟁이 마침내 끝났다. 모두 무기를 내려놓았다. 하지만 언제 다시 전투가 벌어질지 알 수 없으니, 사무라이는 전투 대기 상태였다. 칼도 허리춤에 차고 군대도 유지한 채 이게 그대로 행정조직이 되었다. 군주인 쇼군將軍은 이름 그대로 최고사령관이었고, 이하 사무라이들은 계급별로 신분이 고정된 채 자신의 직무를 세습하며 수행했다(가업). 그런데 문제가 생겼다. 전쟁이 좀처럼 일어나지 않았던 것이다. 조만간 일어날지도 모른다는 기대(?)조차 할 수 없을 정도로 세상은 태평성대로 접어들었다.

1600년경 1200만 명 정도였던 인구는 1720년경 3000만 명을 가볍게 넘었고(조선은 1300만 명 정도), 얼마 안 있어 에도 인구는 100만 명(한양 30만 명)에 이르렀다. 경제는 농업 혁신과 상업 발달에 힘입어 약진했다. 누구도 전쟁을 원하지 않았다. 세상은 점점 군인인 사무라이들에게 무예 대신 지식을 요구했다. 전투 능력은 아무 쓸모가 없는 시대였으므로. 아닌 게 아니라 차고 다니던 칼도 다 녹슬었기 때문에 궁한 김에 상인에게 팔아치우고 목도木刀를 대신 차고 다니는 자들도 있었다.

때마침 막부나 번藩(봉건국가) 정부도 번교藩校를 세우고 향교를 지원하며 학문을 장려했다. 이전부터 있던 사숙私塾들은 더욱 번성했다. 요즘으로 치면 지방 국립대학에 해당하는 번교들이 우후죽순 세워졌다(막부 말기에 이미 200개가 넘었다). 그 속도는 어느 학자가 '교육 폭발의 시대'라고 칭할 정도로 놀라웠다. 19세기 초 다산 정약용은 벌써 일본의 학문 수준이 범상치 않음을 간파하고 일본 유학자들의 고전 주석을 인용했다. 이미 유학 교육이 한풀 꺾이고 심지어는 사회적 병폐로까지 변질되었던 조선, 중국과 달리 19세기 일본은 유학(중심은 주자학朱子學)을 비롯하여 학문과 교육 열풍에 휩싸였다. 번 정부는 사무라이들의 번교 출석을 엄격하게 확인했다.

한편 무예로 전투에서 공을 세워 출세하는 것이 더 이상 불가능해진 현실에서 젊은 사무라이들은 학문과 학교에서 돌파구를 찾으려 했다. 이렇게 해서 생겨난 사무라이 간의 학적 네트워크가 결국 정치화되어 메이지유신의 촉매제가 되었다.

〈1987〉이라는 영화에 나오는 1980년대 이념 서클 같은 역할을 한 것이다.

19세기부터 시작된 맹렬한 공부 붐이 근대 일본을 만들었다. 그 추세는 20세기 100년 동안에도 계속되었다. 독서 대국도, 노벨상도, 세계적 동아시아학도 그 기반 위에서 만들어졌다. '문의 나라 한국'은 언제쯤 이뤄질 것인가?

한국의 개인, 일본의 개인

　　몇 해 전 안식년으로 교토대학교에 체류할 때의 일이다. 대학 구내식당에 가보니 몇몇 식탁의 한가운데에 칸막이가 쳐져 있었다. 식탁 양쪽에서 학생들이 칸막이벽을 마주하고 각자 우적우적 밥을 먹고 있는 것이었다. 면벽참선도 아니고, 면벽식사라! 하도 기이해서 일본인 교수에게 연유를 물어봤다. 대답인즉, 모르는 사람과 눈 마주치는 게 싫어 화장실에서 식사하는 학생들이 늘어나는 바람에 대학 당국이 이런 조치를 내놨다는 것이다.

　우리는 흔히 일본 사회가 우리보다 훨씬 더 개인주의적이라고 말한다. 혼자 밥 먹고 술 마셔도 이상하게 보는 사람이 없고, 기괴한 복장으로 거리를 활보해도 간섭하는 사람이 없다고……. 우리보다 훨씬 '개인의 자유'를 존중한다고. 그러나 이

건 큰 오해다.

　사회나 공동체보다 개인을 우위에 두고, 사회에 대한 개인의 비판, 저항, 이탈을 용인하는 것을 개인주의라고 한다면, 일본은 개인주의가 매우 희박한 사회다. 소속 집단보다 개인이 더 우선한다고 생각하는 보통의 일본인은 거의 없을 것이며, 집단을 상대로 대의 혹은 자기이익을 내걸고 투쟁하는 개인도 드물다. 우선 일본 사람들은 말수가 적으며, 입을 열어도 자기주장을 하려는 게 아닌 경우가 많다. 주변 공기를 읽고서 그에 맞춰 말한다(분위기 파악이라는 일본말은 '空氣を讀む', 즉 '공기를 읽는다'다). 한국에서 분위기 파악을 못 하면 핀잔 좀 받는 데 그치지만, 일본에서 공기를 읽지 못하면 진지하게(!) 주목의 대상이 된다. 거듭되면 아웃된다.

　이런 사회에서 한 개인이 사회를 상대로 도도하게 자신의 주장을 관철시키거나, 사회 전체의 원리를 비판하며 그것을 초월하려는 행동이나 발상을 하는 것은 쉽지 않을 것이다. 이런 사회가 꼭 나쁜 것은 아니다. 모두가 모두를 배려 혹은 의식하며 질서와 규율을 지키고 공동의 이익(예를 들면 국익)을 추구하기에 용이하다. 그 속에서 터져 나올 수 있는 긴장과 반발의 에너지를 무마하는 장치가 '고립의 허용'이다. 개인이 집단에 저항하여 집단 전체의 원리를 왈가왈부하는 것은 용서하지 않지만, 그 원리를 좋아하지 않으므로 나는 따로 살겠다는 사람들을 용인하는 것이다. 그러나 그것은 어디까지나 집단 전체의 원리에 영향을 주지 않는 선 안에서다. 교토대학교 학생들이 면벽식사를 하도록 배려해주고, 어떤 친구가 도깨비 같은 패션으로 지하철을 타도 간섭하거나 나무라지 않는 것은 개인주의가 아니라 '고립 허용주의'다(오타쿠御宅는 사회에 당당하게 발언하는 '개인'들이 아니라 허용된 고립의 공간에서 뛰노는 존재들이다).

근대 초기의 일본 지식인들도 비슷한 생각을 갖고 있었던 듯하다. 20세기 초 저명한 저널리스트이자 역사가 야마지 아이잔山路愛山은 중국과 일본을 비교한 글에서 중국 사회를 "개인주의의 극단"이라고 했다. 반대로 일본은 개인주의가 없으며 이상적인 공동생활을 하는 사회라고 자랑스럽게 주장했다(《일한문명이동론日漢文明異同論》). 실제로 많은 연구들은 일본은 공동체의 성격이 강해서 각 개인이 자기가 속한 집단이나 단체에 의존적인 반면에, 중국 사회는 각각의 개인을 중심으로 한 수많은 콴시關係(관계)가 네트워크처럼 얽혀 있어, 활동 범위나 일의 성패는 각 개인의 역량에 많이 달려 있다고 지적한다(훼이샤오퉁費孝通,《중국 사회의 기본 구조》).

한국 사회는 어떤가. 내가 일본에 유학할 때 도쿄대 교수 한 분이 "내가 알기로는 전 세계에서 자기주장이 가장 강한 사람들은 인도인과 한국인"이라고 했다. 당시에는 어쩐지 유쾌하게 느껴지지 않았지만, 생각해보면 한국 사람들이 말 많고 목소리 큰 건 사실인 것 같다. 게다가 들어보면 죄다 자기주장이다. 또 자기가 속한 집단이나 사회에 대해 이의 제기(다른 말로 하면 '딴소리')하는 사람들을 심심치 않게 볼 수 있다. 공동의 이익에 대해 당당하게(!) 자기이익을 주장하는 사람들도 익숙하다.

그럼 한국은 개인주의 사회인가. 개인주의가 근대성의 중요한 지표라고 한다면, 한국은 일본보다 이 면에서는 더 근대적이고 선진적인가. 여기서 나는 곤혹스러움을 느끼게 된다. 근대성이든 개인주의든 서양 역사에서 유래한 개념들이며 이것을 곧장 동아시아 사회에 적용하려는 것이기 때문이다. 앞에서 나는 한국을 중앙(서울)으로 휘몰아쳐 올라가는 소용돌이 사회라고 말했다. 그 속에서 개인들이 분투하며 휘날리고 있다. 사태 판단은 신속하게 스스로가 해야 하며, 누군가 도움의 손길도 마땅치 않다. 확실히 한국의 개인들은 일본의 개인들보다 풍파로 단련된 '자립적 주체'이지 않을 도리가 없다. 살아남기 위하여.

한국은 개인주의 혹은 개인이 강한 사회이지만 그것이 만든 것은 '만인에 대한 만인의 투쟁'이다. 한국의 유서 깊고 활력 있는 개인과 개인주의는 이를 뛰어넘어 새로운 사회 모델을 제시할 수 없는 것일까. 실패한다면 우리의 개인주의는 결국 '각자도생'으로 끝나고 말 것이다.

민란 없는 일본, 민심의 나라 한국

2017년 촛불 시위가 한창일 때였다. 일본 방송국들도 앞다투어 시위 현장을 보도했다. 가장 놀라는 건 역시 참가자 수. 출연자들이 벌린 입을 다물지 못한다(거기에 태극기 집회까지 더해지니 "에? 더 있었어?" 하는 반응이다). 카메라가 군중 속으로 들어가면서 입들은 더 벌어진다. 유창한 정치 발언이 난무하는 건 그렇다 쳐도 가장무도회를 방불케 하는 시위 의상과 퍼포먼스. 한 패널이 부러워한다. "마치 한바탕 놀이 같네요." 그러자 나이 든 사람이 피식 내뱉는다. "역시 데모 대국."

한국의 시위 규모에 일본인들이 경악하는 것도 무리는 아니다. 20세기 일본 최대 시위라는 1960년 안보투쟁 때 도쿄에 모인 수는 주최 측 추산으로도 30만 명을 웃돌 뿐이다. 그 후 최대 시위였던 2015년 안보법안 반대 시위도 10만 명 정도였다. 도쿄 인구는 이 기간에 내내 1000만 명 안팎이었다. 또 일본 전체 인구는 한국의 2.5배에 가깝다(남북한 인구를 합치면 2배 정도. 사실 이 비율은 조선 후기, 즉 도쿠가와 시대부터 그대로다). 시위 참가 인원을 정확히 파악하기는 힘들지만, 인구가 반에도 훨씬 못 미치는 한국에서 일본의 몇 배 규모에 이르는 시위가 번번이 일어나는 것은 사실이다. 이것을 어떻게 해석해야 할까?

일본사를 공부하면서 인상 깊었던 것은 민民의 정치 행동이 자주 일어나지도 않고, 또 그 규모가 참가자 수로나 지역적으로나 그리 크지 않다는 것이다. 민란의 나라 중국이나 민심의 나라 조선에 비하면 특이하게 보였다. 물론 도쿠가와 시대 내내 잇키一揆라고 불리는 농민들의 항의 행동이 있었으나, 그 규모가 군郡 단위를 넘어서는 경우는 드물었고 폭력 행사도 제한적이었다. 농민들은 대체로 매뉴얼대로 행동했고, 권력 측의 처리도 그러했다(지금도 마찬가지다. 심지어 일본 공산당의 데모도 이렇게 점잖다!). 연구자들이 이를 민란이나 반란, 혹은 폭동으로 부르지 못하는 이유다. 그러고 보면 격동의 19세기에도 일본 민중들은 '난亂'이라고 불릴 만한 시위 행동을 일으킨 적이 거의 없다. 백련교의 난·태평천국의 난(중국), 홍경래의 난·진주민란·동학농민전쟁(조선) 등을 떠올리면, 그야말로 두드러진 대조다.

이에 비해 조선은 여론 정치의 나라다. 물론 그 주요 담당자는 선비들이다. 중앙으로 휘몰아쳐 올라가는 소용돌이 사회에서 중앙 정치는 지방 사람들의 이해와 서열에까지도 곧장 영향을 미친다. 모두 그것을 주시하고 발언하고 행동할 수밖에 없다. 여론에 호소하기 위해 기회만 있으면, 사대부들은 상서上書하고 사발통문을 돌리고, 민중들은 상언上言하며 격쟁한다(한상권, 《조선후기 사회와 소원제도》). 불만이 쌓이면 행동에 들어간다. 조선의 촌락은 도쿠가와 일본의 그것에 비하면, 아주 느슨한 사회다. 민중들은 촌락에 크게 구애받지 않고, 이사하거나 이동한다. 군 단위를 넘어서는 일도 비일비재하다. 동학이나 3·1운동 같은 민중 시위가 삽시간에 전국화되는 것도 이런 사회적 배경이 있는 것이 아닐까(해방 후의 찬·반탁운동, 4·19혁명, 1987년 6·10항쟁 등 그 예는 수두룩하다).

그럼 앞서 살펴봤던 '상자 사회' 일본은 어떤가. 나는 2014년 3월 3·11 대지진 3주년을 맞아 후쿠시마 지역을 찾아간 적이 있다. 3년이 지났지만 이재민들은 여전히 임시 가옥에서 살고 있었고, 이재민대책위원회는 아베 정부가 이렇게까지 홀대할 수 있냐며 분을 삭이지 못했다. 보다 못해 내가 말했다. "고베 대지진 이재민 분들하고는 연계가 있으신가요?" 위원장이 한동안 내 얼굴을 멍하게 보더니 허공을 보며 한숨 섞어 말했다. "아, 고베데스카?(아, 고베요?)" 아마도 도호쿠東北 지역의 그분들에게 저 멀리(!) 간사이關西에 있는 고베는 다른 상자로 여겨

졌던 모양이다. 한국에는 철거민, 노점상, 빈민까지도 '전국연합회'가 있다고 했더니, 그의 눈과 입이 동시에 둥그레졌다.

경제사에는 동조율同調率이라는 말이 있다. 한 지역에서 일어나는 경제적 변동이 다른 지역에 영향을 미치는 정도가 높을수록 그 사회의 경제적 동조율은 높은 것이다. 경제의 상업화 정도가 약했던 조선은 같은 시기 도쿠가와 일본에 비해 경제적 동조율이 낮은 사회였다. 그러나 '정치적 동조율'이라는 관점에서 보면 어떨까. 중앙 정계에서 이슈가 불거지면, 전국 각지에서 수백, 수천, 때로는 만 단위의 상서가 올라오는 조선의 '정치적 동조율'은 단연 두드러진다. 지금의 한국도 마찬가지 아닐까.

이런 사회이기에 한국은 여전히 '민심'이 세상을 지배한다. 민심이란 말은 일본어에도 중국어에도 있지만, 일상적으로 쓰이지는 않는다. 하물며 우리처럼 정치적으로 막강한 힘을 갖는 어휘도 아니다. 한국인들이 "민심民心은 천심天心"이라는 말을 이렇듯 자연스럽게 쓰고 있는 것을 알면 중국인이나 일본인들은 아마도 놀랄 것이다. 그 민심은 지금도 여론조사와 군중집회로 맹위를 떨치고 있는 중이다.

순위 매기기 좋아하는 일본인

　　도쿠가와 시대(1603~1868년)에도 일본인들은 스모에 열광했다. 그래서 전국 스모 선수들의 랭킹표를 만들어 일반 서민들도 이를 보며 즐겼다. 이 표를 '방즈케番付'라고 한다. 스모에서 시작된 방즈케는 그 후 다양한 분야로 확산되었다. 온천을 좋아하는 일본인답게 동일본, 서일본으로 나누어 온천 순위를 매겼다. 지금도 간사이關西, 간토關東로 동서를 나눠 비교하길 좋아하는 일본인의 지리 감각이 오래된 것임을 알 수 있다. 동의 오제키大關(스모 최고 타이틀 중 하나)는 구사쓰온천, 서는 아리마온천이다. 한국인들이 즐겨 찾는 벳푸나 하코네온천은 그 아래 급인 세키와케關脇에 랭킹되어 있다. 이 온천들은 지금도 일본을 대표하는 곳들이다. 나도 일본 온천을 가볼 만큼 가봤지만, 내게 오제키는 구사쓰온천이다.

방즈케는 실로 다양했다. 요리점, 관광지, 복수復讐 외에도 '쓸모없는 물건'이나 '미녀' 랭킹도 있었다. 이런 순위표가 엄청나게 인쇄되어 일반 서민까지 오락 삼아 즐겼으니, 18세기 무렵에는 대중문화라 할 만한 것이 형성되었다고 할 수 있겠다.

거짓말 방즈케도 있다. 도쿠가와 시대 최고의 거짓말은 뭐였을까. 동쪽의 챔피언은 '여자가 싫다는 청년', 서쪽은 '얼른 죽고 싶다는 노인'이었다. 그밖에 '비구니가 되고 싶다는 처녀', '밑지고 판다는 장사꾼'……. 어렸을 때 친구들 사이에서도 이 비슷한 얘기를 하며 킬킬거렸던 기억이 있는데 역시 동서고금 인간은 비슷한 것인가? 아니면 여기서 유래한 얘기였던가?

양처良妻와 악처의 랭킹도 있었으니 이쯤 되면 거의 '오타쿠'의 세계다. 양처 1위는 '모든 일에 남편의 지시를 받드는 아내'이고, 악처 1위는 예상대로 '질투하는 마누라'다. 그밖에 남편 험담을 하거나 말이 많거나 유행을 좇는 여자도 악처의 순위에 있다. 남편 방즈케도 있다. 좋은 남편 순위에 '술 마셔서 기분 좋은 남편'이 있다. 어려서 무섭기만 했던 아버지의 퇴근이 반가운 날은 술을 드신 날이었으니, 나는 이 말에 퍽 공감이 갔다. 그밖에 수많은 종목들이 있는데, 인터넷에 '江戸時代見立番付'로 검색해보면 쉽게 찾을 수 있다.

이런 전통 때문인지 근대 일본도 순위에 집착했다. 이번에는 세계 강대국 순위다. "따라가자! 추월하자!追い付け! 追い越せ!"는 슬로건 아래 세계에서 일본의 랭킹이 어디까지 왔는지가 초미의 관심사였다. 러일전쟁에 이기고, 또 제1차 세계대전에서 승전국이 되자 일본은 세계 5대 강국이 되었다며 흥분했다. 그러나 한번 방즈케의 마법에 걸리면 눈에 보이는 건 1위뿐이다. 1위가 되려고 중국·영국·미국·소련과 무모하다고 할 수밖에 없는 전쟁을 연이어 일으켰다. 그 결과는 방즈케 탈락이었다.

1995년부터 2021년까지 한국의 1인당 명목GDP는 34위에서 30위로 올랐고, 일본은 3위에서 28위로 대폭 떨어졌다. 스위스 IMD 국가경쟁력 순위에서도 같은 기간에 한국은 26위에서 23위로 약간 올랐으나, 일본은 4위에서 31위로 추락했다. 한국외국어대 이창민 교수가 한 언론 인터뷰에서 제시한 수치다. 방즈케 좋아하는 일본인의 입장에서 쓰라린 결과일 것이다.

조선시대부터 그랬는지는 모르겠지만 요즘 보면 한국인들도 어지간히 랭킹을 좋아하는 듯하다. 요즘은 좀 잠잠해졌지만 올림픽·아시안게임에서 방즈케는 전 국민의 스트레스를 관리하는 역할까지 했었다. 그 대신 최근에는 GDP, 무역규모 10위권, 국방력 6위권 등의 방즈케가 곧잘 눈에 띈다. 가슴이

웅장해지는 대단한 일이다. 하지만 국민 행복은 성적순이 아니다. 자부심은 간직하되 방즈케의 요술에 걸려드는 일은 없도록 하자.

정 방즈케의 재미를 못 버리겠다면, 도쿠가와 시대의 일본인들처럼 종목을 좀 더 다채롭게 하면 어떤가. 새벽 공기와 산책로가 좋은 도시, 인구당 정신병원 숫자, 자동차 경적을 많이 울리는 지역 랭킹 등등.

일본의 야쿠役, 한국의 리더십

　　코로나 사태 대응 과정에서 세계도 우리도 한국 사회를 다시 보게 되었다. 그간 우리는 스스로를 평가할 때 극단을 오갔다. 서구 선진국뿐 아니라 이웃인 중국과 일본에 비교하며 한없이 비하하다가도 한편에서는 그에 분풀이라도 하듯 '국뽕'이 난무했다. 공과를 감싸 안는 성숙한 자기평가, 즉 한국 사회가 어떤 수준에 와 있고, 어떤 성격의 것인지를 잘 모르기 때문이다.

　　코로나 사태에서 일본의 대응과 비교하며 이 점을 생각해보자. 일본 정부는 적극적으로 감염 여부를 검사하지 않았고, 일부 의료 전문가들은 '숨이 가빠 괴로울 정도가 아니면' 검사 요청을 하지 말라고 권하기도 했다. 잘 이해되지 않는 일이다. 그런데 더 이해되지 않는 것은 일본 시민들이 이에 순순히 따랐다는 점이다. 정부와 의료계의 방침에 크게 항의했다는 소식은 들리지 않았다. 심지어 감염된 사실을 쉬쉬하는 사람들도 다수 있었다고 한다. 감염 사실이 알려지면 이웃의 눈총을 받게 되고, 스스로도 주변에 '메이와쿠迷惑'(폐)를 끼치고 싶어 하지 않기 때문이다.

한국이 민심의 나라라면, 일본은 엘리트, 그중에서도 '야쿠닌役人'(관리 혹은 공무원)의 나라다. 일본인들의 감각에 관리나 정치인은 하는 사람이 따로 있다. 일반 시민은 일반 시민의 세계와 일이 있고, 그들은 그들의 세계와 일이 있다. 각자의 '야쿠役'(역할)가 있는 것이다. 이러니 우리가 볼 때 의아할 정도로 일본인들은 정치에 대해 관심도 비판도 없다. 알아서 해줄 거라고 생각하기 때문이다. 실제로 일본의 위정자, 엘리트들은 그에 부응해 자신들의 '야쿠'를 잘 수행해왔다. 일본 사회에서 대대로 관리를 비롯한 엘리트의 신뢰도가 높은 것도 그 때문이다. 그러나 대략 1990년대부터 문제가 발생했다. '야쿠닌'들이 부패하고 무능해진 것이다. 일본 최고의 엘리트 그룹인 오쿠라성大藏省(우리의 재정경제부) 부패 사건이 잇달아 발생한 것을 계기로, 일본의 리더십은 관료사회에서 정치가로 넘어갔다. 그런데 정치가들은 더 무능했다.

일본 사회의 문제는 여기서 발생했다. 정치의 '야쿠'를 담당하는 엘리트들이 자기 역할을 제대로 못하는데도 일본 시민들은 자기 '야쿠'만 수행할 뿐 이에 간섭하거나 항의하지 않는다. 그 사이에 거대한 공백이 생긴다. 이 틈새에서 일본 사회는 기능부전에 빠졌다. 3·11 동일본대지진 때도 그랬고, 코로나 사태 때도 마찬가지였다. 정치의 '야쿠'가 제대로 회복되든지, 아니면 오래된 전통을 깨고 '야쿠'의 사회를 바꿔 '야쿠' 밖으로 소리치고 감시하고 저항하지 않는 한 21세기 일본은 매우 힘든 난관에 거듭 봉착할 것이다.

그 대척점에 한국이 있다. 한국에는 애초에 '야쿠'라는 게 없다. 직업은 언제든 바꿀 준비가 돼 있고, 내 직업을 굳이 자식이 하길 원하지 않는다. 내 일보다는 '남 일'에 관심 많은 사람이 부지기수다. 가장 만만한 '남 일'은 정치다. 내 일을 팽개치고 '남 일'인 정치에 비말을 날리며 울부짖는 건 한국 시민의 일상사다. 놀랄 만큼 많은 수의 시민들이 자기 분야보다 정치에 더 해박한 지식과 정밀한 분석을 선보이는 신공을 갖고 있다. 그만큼 한국 민심의 수준도 높다. 이러니 민심이 무서울 수밖에 없다. 늘 각자도생이 먼저이면서도 공동체 붕괴의 위기 때는 온갖 아이디어와 충심을 발휘하며 다이나믹하게 대응한다. 금 모으기 운동과 코로나 대응은 그 백미였다.

그러나 스마트한 민심이 만병통치약은 아니다. 만약 그렇다면 엘리트도 전문가도 굳이 돈 들여 양성할 필요 없이 모든 일을 여론조사로 그때그때 결정하면 될 것이다. 가령 코로나 사태는 의료 전문가들의 지혜 없이 극복될 수 없었다. 전염병 확산이라는 워낙에 다급한 사태가 전문가에 의지하지 않을 수 없게 한 측면도 있다. 다른 문제라면 어떨까. 당장에 내 건강이나 이해에 직결되지 않는 듯이 보이는 장기적이며 전략적인 문제들 말이다. 경제 전략, 대일 외교, 교육 정책 등등, '스마트한' 민심이 전문가들의 견해와 판단을 무력화시키고 있지는 않은가.

코로나 사태에서는 만인이 만인을 감시하고 간섭하는 다이나미즘dynamism이 엘리트(전문가)의 리더십과 절묘하게 결합하며 빛을 발했다. 열심히 각자도생, 백가쟁명하면서도 정은경을 감시하고 그녀의 판단을 따랐다. 이런 상황이라면 어느 누구도 질병관리처장 정은경에 외압을 가할 수 없었을 것이며, 그녀 역시 전문적 판단 외에 좌고우면左顧右眄할 수 없었을 것이다. 다른 분야에서도 '제2의, 제3의 정은경'을 찾아내고 키우자. '전문가 리더십과 스마트 민심'이 '한국형 선진 사회'의 모델이 될 수 있지 않을까.

지정학적 지옥 한국, 지질학적 지옥 일본

도쿠가와 시대 일본인들은, 조선은 나약하여 숱한 외침을 받았고, 타국에 복속되기를 밥 먹듯 했다고 비아냥거렸다. 반면 일본은 다른 나라에 침략당한 적도 없고, 전쟁에 져서 속국으로 전락한 적도 없다고 으스댔다. 일본은 '불하지국不瑕之國'(흠이 없는 나라)이라는 것이다.

한반도는 역사상 1000번에 가까운 외침을 받았다고 한다. 그에 비해 일본은 놀랍게도 딱 두 번이다. 한 번은 13세기에 송나라와 고려 사람들을 동원해서 북규슈에 침입했다가 태풍으로 패퇴한 몽골군이고, 또 한 번은 태평양전쟁 때의 미군이다(고대의 신라 해적이나 여진족의 침입 등 소소한 것은 제외). 놀라운 수치다. 한반도와 일본열도는 지척 거리에 있지만, 그 지정학적 조건은 달라도 너무 다르다. 큰 자연재해 없는 한반도는 지질학적으론 천국, 지정학적으론 지옥이며, 일본은 그 반대라 할 수 있다.

이것은 현재 한국인과 일본인의 실생활에도 드러난다. 내가 일본에 유학하고 있을 때, 저렴한 맛에 구한 목조 월셋집은 한 달에 한 번씩은 흔들렸다. 한번은 책장에서 책이 튀어나온 적도 있었다. 이를 듣고 한국의 지인들은 그런 데서 어떻게 사냐고 합창했다. 오늘 지진이 있었다는 얘기에 무심해하던 일본 친구들은 한국에서 가끔 들리는 북한 도발 뉴스에는 한결같이 되물었다. 그런 나라에서 어떻게 사냐고. 내가 하도 단련되어서 괜찮다고 하니 왈, "아, 북한 도발은 우리의 지진 같은 거구나."

이웃 나라인데 지정학적 조건이 어떻게 이렇게나 다를 수 있을까. 이를 해명하기 위해서는 잘못된 상식 하나를 고쳐야 한다. 많은 사람(특히 서양과 일본 학자)이 동아시아는 중국과 일본 양대 세력의 각축장이었으며, 한반도는 그 사이에 끼여 가혹한 운명을 겪었다고 말한다. 그러나 생각해보면 중국과 일본이 청일전쟁 이전에 전쟁을 한 것은 세 번뿐이다(7세기 나당 연합군과 백제 유민 세력·야마토大和 정권 군대가 백강 앞바다에서 벌인 해전, 13세기 몽골군과 가마쿠라鎌倉 막부군의 전투, 16세기 임진왜란). 2000년이 훌쩍 넘는 긴 역사 속에서 불과 세 번 무력 충돌한 것은 놀라울 정도로 적은 숫자다. 말할 것도 없이 중국이 압도적으로 강했기에 일본이 지역 질서에 도전할 수 없었기 때문이다. 한반도는 중국과 일본 사이에 '끼여 있지' 않았다.

그럼 한반도의 '가혹한 운명'의 원인은 무엇인가? 그것은 중국 대륙의 한족과 북방 유목민족이라는 '진짜(?)' 양대 세력의 각축 때문이었다. 진한秦漢제국 이래 역대 한족 왕조들의 주적은 흉노, 돌궐, 몽골, 거란, 여진 등 북방 세력이었다. 저 거대한 만리장성이 누굴 두려워해서 건설되었는지 생각해보라. 그 치열한 쟁투로 중국 역사의 4분의 1은 북방 유목민족이 세운 정복왕조(5호 16국과 북조, 요, 금, 원, 청 등)였다.

그런데 얄궂게도 양대 세력 모두에게 한반도는 전략적 요충지였다. 중국이 머나먼 서쪽의 장안(현재의 시안)에서 베이징으로 수도를 옮긴 이후로는 더더욱 그러했다. 그 때문에 양대 세력이 충돌할 때마다 한반도는 예외 없이 전화에 휩싸였다. 한-흉노의 경쟁과 한의 고조선 침략, 수·당-돌궐의 패권 다툼과 고구려 침략, 송나라와 대치한 거란족(요나라)과 몽골군(원나라)의 고려 침략, 명에 도전한 여진족의 정묘호란과 병자호란 등등. 이 관점에서 보면 임진왜란은 돌연변이적인 막간극이었다.

2000년 동안 맹위를 떨쳤던 유목 세력이 18세기 말 이후 쇠락하고 대신 해양 세력이 부상하자 세력 각축의 양상도 달라졌다. 이제야(?) 대륙 세력(중국, 러시아)과 해양 세력(일본, 미국)의 각축이 벌어진 것이다. 청일전쟁, 러일전쟁, 한국병합, 한국전쟁이 그것이다. 지금은 북한 핵무장을 둘러싸고 같은 일이 벌어지고 있다. 한쪽 당사자가 해양 세력으로 바뀐 것뿐, 지역 질서 전환기에 한반도는 예외 없이 '가혹한 운명'에 내던져졌다.

반면 동일본 대지진에서 지상지옥을 겪어야 했던 일본은 지정학적으론 행운아였다. 중국이 일본에 군사 행동을 일으키기에 동중국해는 너무 넓고 험했다. 만주를 통해서 들어오는 압력은 한반도 정치 세력이 강력히 저항한 덕분에 일본열도까지 이르지 못했다. 일본 역사가들이 한반도를 '일본 역사의 방파제'라고 하는 까닭이다.

중국은 신라의 대당 전쟁 이후 한반도 직할화를 포기하고 간접 지배에 만족했다. 자연히 그 너머 일본은 관심 밖이었고, 조공책봉 체제에 들어오는 것조차 강요하지 않았다(역대 중국 정권에 한반도의 조공은 필수 사항이었다).

한국사가 위대한 것은 광개토왕이 있어서도, 세계 최초로 금속활자를 발명해서도 아니고, 바로 이 지정학적 지옥 속에서 악전고투해 살아남은 점에 있다. 다른 나라와 구분되는 한국 사회의 유별난 특징이 있다면 대개는 여기서 비롯된 것이라고 나는 생각한다.

　그러나 지옥은 역시 겪지 않는 게 좋다. 또다시 지역 질서 재편의 쓰나미가 밀려오고 있다. 지옥이 장구한 세월 동안 여러 번 되풀이되어온 걸 보면 역시 구조적인 원인이 있고, 운명적인 것인지도 모른다. 그러나 구조든 운명이든 이번만큼은 안 된다. 그러니 이번에는 민족의 이름을 앞세운 철부지들의 허세도, 줓내 나는 이상주의적 헛소리도 벌레 보듯 쫓아버려야 한다. 오로지 차가움과 노회함만이 지옥을 돌려세울 수 있다.

한반도와 '지정학 쓰나미'

전통적으로 동아시아의 국제 질서는 중국 헤게모니의 일극 체제였다. 놀랍게도 그 질서는 적어도 2000년 이상 지속되었다. 그러나 그 국제 질서가 잠시나마 동요될 때마다 한반도는 엄청난 피해를 입어왔다. 중국 헤게모니의 가장 큰 도전자는 북방 유목민족이었다. 기원전부터 중국 대륙의 정권은 북방으로부터의 위협에 노심초사해왔고, 앞서 말했듯 중국 역사상 4분의 1의 기간은 유목민족들이 세운 정복왕조가 차지했다.

문제는 이 양 세력 간의 세력 재편 움직임이 있을 때마다 한반도는 거의 예외 없이 타격을 입어왔다는 사실이다. 10세기 초 만주에서 성장한 거란족이 중국 대륙으로 진출하려 할 때 고려를 침공했고, 그로부터 200여 년 후 몽골 역시 남송을 멸하기 전에 한반도를 쑥대밭으로 만들었다. 다시 400년 후인 17세기 전반 여진족은 산해관을 돌파하기에 앞서 두 차례에 걸쳐 조선을 침략해 치욕을 안겨줬다.

　남쪽으로부터의 도전 때도 마찬가지였다. 일본의 도전은 북방 유목민에 비하면 중국에 큰 위협은 되지 않았으나 한반도가 희생당하기는 마찬가지였다. 7세기 후반 일본의 야마토 정권은 백제 부흥이라는 구실을 앞세워 대규모의 군대를 파견했다가 당나라 수군에게 백강(현재의 금강 하구) 앞바다에서 참패했다. 일본이 먼저 도발한 것은 아니었지만 그로부터 약 600년 후인 13세기 후반 몽골이 일본을 침공할 때도 한반도는 그 전진기지였다. 또 300여 년 후인 16세기말 도요토미 히데요시는 20만 대군으로 한반도에 침략해 조선·명나라군과 7년 동안 참혹한 전투를 치렀다. 그리고 다시 400년 후인 19세기 말 벌어진 청일전쟁 역시 한반도가 주 전장이었다.

　돌이켜보면 19세기까지 중국과 일본이 군사적으로 충돌한 것은 놀랍게도 위에 언급한 네 번뿐이었는데, 더 놀라운 것은 그 모든 전쟁에서 한반도가 전쟁터였거나 전쟁 기지였다는 사실이다. 이밖에도 동아시아의 패자를 가리기 위한 러일전쟁의 영향으로 한반도는 일본의 식민지로 전락했고, 그 식민 지배가 끝난 세력 공백을 재편하는 와중에 한국전쟁이 벌어졌다.

　여기서 유의해야 할 것은 이 모든 전쟁이 한반도 세력의 도전이나 도발에 의한 것이 아닌, 다시 말하면 한반도 세력의 의사와는 관계없는 상황에서 발발했다는 것이다. 한반도 세력은 7세기 말 고구려(도 한반도 세력이라고 할 수 있다면)가 당의 지배 체제에 반항했다가 멸망당하고 나서는 오늘날까지 지역 질서의 패자에게 노골적으로 도전한 적이 없었다.

이상의 사실을 정리해보면 7세기 후반에서 20세기 중반까지 동아시아의 세력 재편 과정에서 한반도는 거의 예외 없이 전쟁이나 정복을 당해왔다. 이 같은 역사적 사실은 무엇을 말하는가. 한반도라는 지역이 지정학적으로 숙명적인 위험성을 안고 있다는 것이다. 이것은 일본열도가 유라시아판, 태평양판, 북아메리카판이 부딪히는 지진 위험지역인 것을 연상시킨다. 일본열도가 지질학적으로 불안한 곳이라면 한반도는 지정학적으로 매우 위험한 곳이다.

이런 상황에 대해 한반도의 외교가들은 어떻게 대응해왔는가. 한마디로 지역 패자에 대한 전적인 추종 노선이었다. 우리가 '사대 외교'라고 하는 것인데, 이것은 어떤 면에서는 합리적 선택이었다고도 할 수 있다. 즉 중국 대륙 세력이라는 지역 패자의 주인이 몇백 년에 한 번씩 바뀔 정도로 장기 존속했다는 점, 그 지역 패자가 세계적으로도 수준 높은 문명의 생산자여서 그 혜택을 손쉽게 누릴 수 있었다는 점, 한반도의 경제 규모로 봤을 때 중국 대륙 세력이나 북방 유목민에게 대항할 수 있는 군사력을 항시적으로 유지하는 것은 너무나 큰 비용이 들었기에 오히려 지역 패자의 안보 우산에 의존하고 그 여력을 다른 분야에 투입하는 것이 나았다는 점(임진왜란 때 명의 개입, 청일전쟁 등을 보면 적어도 조선왕조의 경우 중국의 안보 우산을 신뢰한 것은 근거가 없다고 할 수 없다)에서 그렇게 볼 수도 있다.

그러나 지역 패자에 대한 전적인 추종 노선은 그것과는 다른 외교 노선의 구상, 그를 위한 정보 수집과 연구 등의 노력을 배척했고, 그 결과 지역 질서가 요동칠 때 대응책을 시도해 보지도 못하고 속수무책으로 당하게 만들었다. 게다가 19세기 전까지는 몇백 년 만에 한 번씩 지역 패자가 바뀌었지만 19세기 말 이후에는 지역 질서의 유지 기간이 급격히 짧아졌고 앞으로도 그럴 것임을 생각하면 '전적인 패자覇者 추종 노선'은 한반도 세력에게는 매우 위험하다고 할 수 있다.

한반도 세력에게 일본제국은 약 40년간 패자였고 이후 샌프란시스코 체제에 의해 미국이 그 자리를 대신한 지 60년이 되었다. 그 샌프란시스코 체제도 동요하기 시작한 지 이미 오래다. 명청 교체기, 구한말 같은 지역 질서의 격변기가 코앞에 다가와 있는 것이다. 이 시점에 북한은 중국에 점점 목을 매고 있고, 남한의 전략가들은 미래에 대한 합의를 좀처럼 이루지 못하고 있는 듯하다. 중국은 당 고종의 신라 정복 실패 이후 포기했던 '한반도 직할' 카드를 혹시 만지작거리고 있는 것은 아닌지, 남한에서는 조만간 구한말 때처럼 친미파와 친중파가 요란스레 대립하게 되지는 않을지…….

일본은 쓰나미에 당했다지만 나는 저만치서 다가오고 있는 '지정학 쓰나미'가 더 두렵다.

2장 | 메이지 일본을 강하게 만든 힘

질서 있는 변혁은 자칫 구체제와 타협하거나 철저한 개혁 앞에서 주춤거리기 쉽다. 이걸 돌파하는 관건은 기성 체제의 일부였던 변혁 주체가 얼마만큼 자기부정과 자기혁신을 할 수 있느냐에 있다. 메이지유신은 사무라이의 신분적 자살이며, 사무라이를 배신한 사무라이 정권이었다.

일본사 감상법 1

일본에 대한 높은 관심에 비하면 한국 사회의 일본사 지식은 매우 부족하다. 중국사나 유럽사에 대해 웬만큼 아는 분들에게도 일본 역사는 생소하다. 그런데 얕은 지식에도 불구하고 일본사에 대한 몇 가지 편견은 강하게 자리 잡고 있다. 그중 대표적인 것이 일본은 원래 후진적이었는데, 근대에 서양 문물을 어쩌다가 빨리 받아들인 덕에 앞서가게 되었다는 것이다. 이런 시각에는 근대화 과정에서 일본에 뒤진 것, 그 결과 식민지가 되어버린 쓰라린 역사에 대한 보상 심리가 깔려 있다.

사실은 어떠한가. 16세기에서 17세기, 그러니까 전국시대가 전개되다가 오다 노부나가織田信長, 도요토미 히데요시, 그리고 도쿠가와 이에야스德川家康가 전국을 통일하고 도쿠가와막부를 세우던 시기에 일본은 획기적인 경제성장을 이루었다(야마구치 게이지山口啓二,《일본 근세의 쇄국과 개국》). 한반도를 통해 들어온 은 정련 기술인 회취법灰吹法을 받아들여 전국에서 경쟁적으로 은을 채굴했다. 이 시기 일본에서 생산된 은은 전 세계 생산량의 4분의 1~3분의 1을 차지하는 막대한 양이었다. 당시 국제무역은 주로 은으로 결제했음을 생각해보라. 일본은 갑자기 떼부자가 된 것이다.

비슷한 시기 농업에도 눈부신 발전이 일어났다. 홍수 걱정 때문에 손도 대지 못하던 대하천의 중하류 지역을 개간하기 시작해서 경지 면적이 비약적으로 늘어난 데다 농업 기술, 비료 역시 크게 개선되었다. 농업 생산이 증대된 것은 당연했다. 이런 변화는 인구로 확인할 수 있다. 17세기 초 1200만 명 정도였던 인구는 18세기 초 3000만 명을 넘어섰다. 같은 시기 조선 인구는 반에 못 미친다(하지만 당시 유럽에서 조선보다 인구가 많았던 나라는 몇 안 된다. 조선 인구도 적지 않은 숫자였다). 막부가 있던 에도 인구는 100만 명(서울은 30만 명 정도로 유럽에 갖다 놓으면 물론 초대형 도시였다)이었다.

중요한 것은 도시의 인구 비율이 매우 높았다는 점이다. 역사 전개에서 좋다, 나쁘다의 가치 평가는 차치하고 도시가 갖는 의미는 췌언을 필요로 하지 않는다. 도시가 발달한 사회와 그렇지 않은 사회는 느낌과 냄새가 사뭇 다르다. 도쿠가와 시대 일본은 에도 이외에도 오사카(38만 명), 교토(34만 명) 등 초대형 도시가 있었을 뿐 아니라 인구 5만~6만 정도의 인구 밀집 도시들이 산재해 있었다. 일본을 방문한 조선통신사들은 입을 모아 풍족한 물자와 많은 인구에 대해 얘기하고 있다.

경제 사정이 이러하니 문화가 발전하지 않을 수 없었다. 세계 최고 수준에 달했던 도시 인구를 기반으로 세련된 도시 문화가 성장했다. 수많은 교육기관 설립과 출판·인쇄업의 발전은 사무라이 나라를 점점 지적인 사회로 바꿔갔다.

물론 이런 경제 상황, 특히 농업 생산성의 획기적 증가는 일본에만 있었던 것은 아니고 조선, 중국 등 동아시아 전체에서 비슷하게 벌어졌다(은 대량 채굴은 일본에서만 이뤄짐). 이곳에서는 이를 기반으로 사대부, 양반 등 신흥 세력이 등장했다. 그러나 19세기 들어 조선, 중국에서는 여러 가지 이유로 경제 사정이 악화된 데 비해 일본은 급속한 성장은 멈췄지만 안정세는 유지해나갔다. 농민도 상인도 전보다 가난해지지 않았다. 이처럼 안정된 자급자족 체제에 서양이 들이닥친 것이다.

일본을 치켜세웠으니, 흠도 하나 보자. 이건 일본 사람들이 흔히 하는 착각인데, 일본은 중국에 조공하지 않고 당당한 '독립국'으로 버텨왔다는 것이다. 그러기에 중국 연호를 쓰지 않고 일본의 독자적 연호를 썼다고. 그러면서 동아시아 역사를 중국과 일본의 라이벌 구도로 보고 싶어 한다. 5세기에 조공했다는 왜5왕(5세기에 중국의 송나라와 남조에 사신을 보내 통교했던 찬, 진, 제, 흥, 무의 다섯 왕)의 얘기는 너무 먼 얘기이니 접어두고, 일본의 중앙정권이 대부분의 기간 동안 조공을 하지 않은 것은 사실이다. 예외적으로 15세기 초부터 100여 년간 무로마치室町막부 쇼군이 명 황제에게 일본 국왕으로 책봉받고 조공무역을 한 적이 있다. 그러니 전체적으로 봐서 일본은 중국에 조공한 기간이 다른 주변국에 비해 매우 짧다. 그러나 한반도와 일본열도의 지정학적 의미는 180도 달랐기 때문에(본서 1장 "지정학적 지옥 한국, 지질학적 지옥 일본" 참조) 중국은 일본에 굳이 조공을 강요하지 않았다. 조공에 조금만 삐딱하게 보여도 정치적, 군사적 압살을 반복했던 한반도와는 천양지차다. 거센 압력에도 조공 거부를 쟁취했다면 모를까, 거저 생긴 현상이니 으스댈 거리는 아니다. 심지어 일본이 조공을 요청했으나 중국이 거절한 적도 있었다.

천황 칭호와 독자 연호도 마찬가지다. 그것들은 완벽히 일본 국내용이었다. 동아시아 국제 무대에서 천황 칭호와 독자 연호는 용인되지 않았다. 일본 스스로도 조선이나 중국과 외교를 할 때 그 용어들을 외교문서에 쓰지 못했다. 그래도 국내에서는 소꿉장난처럼 꿋꿋하게 사용해온 것은 가상하나, 대단하게 떠벌릴 일은 아니다. 원래 달력은 당대 중심 지역의 것을 쓴다. 당시 중국 연호를 쓰는 것은 현재 우리가 서기西紀 달력을 보며 사는 것과 같은 것이다. '주체 ○○년'처럼 독자 달력에 헛심 쓰는 사람치고 변변한 사람 못 봤다.

일본사 감상법 2

우리는 흔히 일본 혹은 일본인이 '작다', '자잘하다'고 생각한다. 왜인倭人·왜국倭國 의식이다. 전근대 일본인이 키가 작았던 것은 사실이나 역사의 스케일이 작지는 않았다. 선사시대인 조몬繩文 시대의 거대한 유적까지 거슬러 올라가지 않더라도 일본 관광길에 흔히 접하는 나라의 도다이사東大寺나 이 절의 대불, 또는 오사카성처럼 지금도 각지에 남아 있는 성들의 크기를 떠올려보라. 일본을 드나들던 조선통신사들도 건축물과 시가지의 크기에 탄성을 질렀다.

무엇보다 일본열도는 한반도보다 훨씬 넓다. 홋카이도를 빼도 한반도의 1.5배이며, 이를 넣으면 2배 가까이 된다. 남한과의 차이는 훨씬 크다. 일본 여행을 하다 보면 중국만큼은 아니지만 한 곳에서 다른 곳으로 이동하는 데 뭐 이리 오래 걸리나 싶다. 도쿄에서 교토까지는 일본 전체에서 보면 간토와 간사이 간의 이동에 불과하지만 그 거리는 서울에서 부산까지의 거리와 비슷하다. 앞서 말한 대로 인구 또한 많아 18세기에는 조선 인구의 2배가 넘는다. 지금도 일본 인구 1억 3000만 명은 유럽에 갖다 놓으면 러시아와 함께 톱이고 면적도 '빅5'에는 너끈히 들 것이다(통일한국도 유럽에 가면 큰 나라). 왜인으로 불렸지만 일본인의 역사 무대는 결코 왜소하지 않았다.

다음으로 일본에 대한 잘못된 이미지 중 하나는 일본이 해양 세력이라는 것이다. 이에 기초하여 역사적으로 대륙 중국과 해양 일본이 한반도를 놓고 각축을 벌였다는 역사상이 만들어졌다. 특히나 일본인이 이런 역사상을 좋아했고, 서양인 중에도 막연히 그렇게 생각하는 사람들이 많다. 그러나 19세기 말 청일전쟁 이후라면 몰라도 긴 역사를 놓고 봤을 때 이는 사실이 아니다. 적어도 명청 교체(1644년)에서 청일전쟁(1894년)에 이르는 무려 250년간 동아시아의 지역 질서는 팍스 시니카Pax Sinica, 즉 청나라 일극 지배 체제였다. 그 이전 시대도 사정은 대체로 비슷했다. 일본은 양강 세력이기는커녕 주요 변수도 되지 못했다.

해양 세력이 되려면 적어도 두 가지 조건이 충족되어야 한다. 하나는 해군력이 강해서 제해권을 장악하거나, 적어도 바다 건너로 대규모 육군을 지속적으로 파견할 수 있는 군사적 능력이 있어야 한다는 것이고, 또 하나는 국부가 해상 무역에 크게 의존해야 한다는 것이다. 일본이 이를 충족시키는 해양 국가가 된 것은 메이지 시대 이후다. 전근대, 특히 도쿠가와 시대 일본은 둘 다 아니었다. 일본은 철저히 육군의 나라다. 배 타고 바다에서 싸우는 것은 사무라이의 이상이 아니었다. 전근대 일본이 중앙정부 차원에서 해외 원정을 감행한 것은 7세기 백제를 구원한다는 명목으로 금강 앞에서 나당 연합군과 싸운 것과 임진왜란이 전부다. 2000년간 두 번! 그 두 번마저 해전에서는 맥을 못 췄다. 도쿠가와 시대는 더 말할 것도 없다. 무엇보다 막부든 번이든 해군이 없었다.

그러면 해상 무역은 어떠한가. 일본은, 특히 도쿠가와 일본은 전형적인 농업 국가였다. 생산은 대부분 논과 밭에서 이뤄졌고, 그 부에 기초해서 국내 상업이 활성화되었다. 해외무역 비중은, 물론 시대에 따라 차이는 있으나, 작다. 다른 건 차치하고라도 도쿠가와막부는 쌀 500석 이상을 실을 수 있는 대형 선박을 만들지 못하도록 금지했다. 각지의 다이묘大名(봉건영주)가 이를 이용해 반란이나 해외무역을 꾀하는 걸 막은 것이다. 작은 배로는 먼바다에 나갈 수 없다. 이 금령이 해제된 것은 페리Matthew Calbraith Perry가 일본에 개항을 요구한 뒤다.

도쿠가와 시대 일본인들은 표류민漂流民을 제외하고는 외국 땅을 밟지 못했다. 설령 밀항 등으로 해외에 나갔다 해도 돌아올 수 없었다. 처형당하기 때문이다. 유일한 예외가 부산 왜관에 주재하던 쓰시마인들이었다. 하지만 그들은 왜관이라는 공간 밖으로 나올 수 없었고, 조선인들과 격리되었다. 도쿠가와 막부는 중국에 단 한 번도 외교 사절단을 파견하지 않았고, 일본 무역선이 동중국해를 건넌 적도 없다. 물론 군사 위협을 가한 일도 없다.

이랬기 때문에 1850년대 에도만에 나타난 미국 페리 제독의 증기선을 보고 일본인들이 경악했던 것이다. 집채만 한 크기, 거기에 실려 있는 수많은 군인과 무기들, 험한 바다를 자유자재로 "화살과 같이 빨리"(당시 표현) 질주하는 함선…… 일본인들은 진짜 해양 세력과 맞닥뜨렸다. 그 충격에 요시다 쇼인吉田松陰은 미치광이처럼 바다에 뛰어들어 페리에게 자기를 해외로 데려가 달라고 호소했고, 가쓰 가이슈勝海舟와 그 제자 사카모토 료마坂本龍馬는 해군 창설과 해외무역 개시, 즉 해양 국가가 되는 것만이 살길이라고 부르짖었다. 해양 국가 일본은 여기서 시작된 것이다.

그 후 한반도는 비로소 대륙 세력과 해양 세력의 각축장이 되었다. 그 과정에서 대한민국도 해양 세력이 되었다. 휴전선은 양 세력의 경계선이다. 오랫동안 한반도를 괴롭혀왔던 유목 세력과 중국 세력의 갈등은 사라지고, 19세기 말 이래 새로운 갈등 구도가 생긴 것이다.

메이지유신과 586의 유신

메이지유신이 일어난 지 150년이 지났다.

1868년 교토 궁궐에서 벌어진 쿠데타로 270년간 집권했던 도쿠가와막부는 허망하게 무너졌다.

새로이 등장한 유신 정부는 부국강병, 문명개화 등 '근대화' 정책을 전광석화처럼 추진해나갔다. 백절불굴百折不屈, 우회는 있어도 후퇴는 없었다. 그로부터 일본은 가히 '혁명적' 변화를 겪었다. 그런데 왜 메이지혁명이나 일본혁명이 아니고 겨우(?) 유신維新인가. 프랑스 대혁명, 청교도혁명, 러시아혁명, 중국혁명 등등…… 흔하디흔한 혁명을 왜 갖다 붙이지 않은 것일까.

혁명革命이란 역성혁명易姓革命의 준말이다. 하늘이 어떤 성을 가진 가문에 내렸던 천명을 거둬들이고 다른 성으로 바꿔버린다는 뜻이다. 왕조 교체다. 왕씨 고려에서 이씨 조선으로 바뀐 것처럼 말이다.

그 이유는 현 왕조가 민심을 배반하고 덕을 잃었기 때문이다. 따라서 역성혁명은 정당하다. 조선도 중국도 베트남도 그 길을 따랐다.

일본은 어떠한가. 역성혁명, 즉 왕조 교체가 한 번도 없는 나라다. 태곳적부터 지금의 천황가가 왕 노릇을 해왔다 믿고 있고, 학문적으로 검토해봐도 적어도 고대국가가 성립된 이래 '혁명'은 없었다. 오히려 역대 일본의 지식인들은 일본에 역성혁명이 없는 걸 큰 자랑으로 여겼다. 감히 만세일계萬歲一系 천황가를 역성하여 혁명하다니, 일본에서는 있을 수 없는 일이라고. 하긴 천황가에는 성이 없으니, 바꿀易 일도 없지만(!).

이러니 일본에서 혁명을 말하는 것은 금기에 가까웠다. 대신 다른 말을 찾아야 했다. 유신이라는 말의 출전은 《시경詩經》〈대아편大雅篇〉이다. "주나라는 비록 오래된 나라이지만, 그 천명은 새로운 것이다(주수구방周雖舊邦, 기명유신其命維新)." 은나라에서 주나라로 천명이 옮겨진 것을 말한다. 혁명이란 말을 피하면서도 그에 버금가는 용어로 채택한 것이 유신이다. 막말 유신기幕末維新期(1850~70년대)에는 유신과 함께 '일신一新'이라는 용어도 많이 쓰였다. 그러다가 유신으로 정착되었다.

혁명은 아니고 유신이다. 주도권은 기성세력 중 일부분, 주로 그 하위 세력이 쥔다. 메이지유신 때는 하급 사무라이들이었다. 반체제는 아니고 체제 내 개혁이다.

그러나 그 변혁의 폭은 혁명에 버금갔다. 변혁을 주도한 하급 사무라이는 맹렬한 반대를 무릅쓰고 사무라이 신분 자체를 없애버렸다. 수백 년간 내려온 번도 일거에 철폐했다(폐번치현 廢藩置縣, 번을 폐하고 현을 설치). 농업 국가였던 일본은 반세기 만에 세계 유수의 공업국이 되었다. 단 7년 만에 음력은 양력으로 바뀌었다.

이 어마어마한 변혁은, 그러나 질서 있게 진행되었다. 구체제의 집권자였던 쇼군 도쿠가와 가문을 비롯한 유력 다이묘의 가문은 생존을 보장받았다. 막부가 추진해온 대내외 정책은 대체로 계승되었다. 격렬한 계급투쟁도 민중의 대봉기도 없었다. 덕분에 그렇게 큰 변혁을 수행하면서도 메이지유신 과정의 희생자 수는 3만 명 정도에서 멈췄다. 프랑스혁명 때는 70만 명이나 됐다. 가능한 한 희생을 줄이고 광범한 변혁을 이뤄냈다는 점에서 유신형 변혁은 가벼이 볼 게 아니다.

그런데 질서 있는 변혁은 자칫 구체제와 타협하거나 철저한 개혁 앞에서 주춤거리기 쉽다. 이걸 돌파하는 관건은 기성 체제의 일부였던 변혁 주체가 얼마만큼 자기부정과 자기혁신을 할 수 있느냐에 있다. 메이지유신은 사무라이의 신분적 자살이며, 사무라이를 배신한 사무라이 정권이었다.

칼 차는 걸 금지시키는 조치에 반항하는 사무라이들을 신정부는 총을 들이밀며 주저앉혔다. 이걸 추진한 오무라 마스지로大村益次郞, 오쿠보 도시미치大久保利通는 성난 사무라이들에게 암살당했다. 그러나 대의멸친大義滅親, 근대국가를 세우기 위한 반사무라이 정책은 물러설 줄 몰랐다.

1987년 이후 한국 현대사는 혁명보다는 유신에 가깝다. 변혁을 밀어붙인 핵심 세력은 반체제가 아니라 체제 내 비주류 세력이었다. 예비 엘리트인 대학생들, 야권 정치 세력과 사회 세력, 합리적 사회를 바라는 광범한 시민과 노동자들이 그들이다.

커다란 변혁을 달성했으면서도 사회질서가 붕괴되거나 대규모 폭력 사태가 발생하지 않았다. '질서 있는 변혁', 그것도 메이지유신보다는 훨씬 시민의 힘에 기댄 바가 크다. '위로부터의 질서 있는 변혁'이 아니라 '아래에 기댄 질서 있는 변혁'.

이 미증유의 실험 한가운데에 586이 있다. 그들은 당연히 기성 체제의 핵심이다. 그것도 장기간 그러했다. 영화 〈1987〉에 대한 586들의 나르시시즘적 반응은 자기도취다.

586세대는 너무 많은 것을 너무 오랫동안 누리고 있다는 것을 칼바람 맞듯, 자각해야 한다. 그리고 자기혁신, 자기연마해야 한다. 역사는 아직 586의 손을 들어주지 않았다. 586에게는 유신의 길밖에 없다. 만약 우리 사회에 정말 혁명이 일어난다면, 그들이 대상이 될 것이므로.

막부파와 반막부파의 개혁·개방 경쟁

　　메이지 정부는 수립 직후인 1868년 초 곧바로 '대외화친의 조서'를 발표했다. 도쿠가와막부가 서양 열강과 맺은 조약을 계승하고, 우호 관계를 지속한다는 것이었다. '존왕양이'와 '조약 파기'를 부르짖으며 막부 타도파를 지지해온 많은 사무라이들은 아연실색했다. 막부의 '저자세 외교'를 공격하며 집권한 새 정부가 서양에 강경한 자세를 취할 거라는 기대가 초장에 무너져버린 것이다.

　사실 막부 타도파의 지도자들은 서양과 관계를 단절할 생각이 없었다. 대중 여론의 지지를 얻기 위해 겉으로는 존왕양이를 주장했지만, 내심 서양 주도의 국제 관계에 들어갈 수밖에 없다고 판단하고 있었다. 존왕양이 열기가 전국을 뒤덮었을 때 조슈번長州藩의 다카스기 신사쿠高杉晉作, 가쓰라 고고로桂小

五郎 등 '배외주의排外主義의 영웅들'은 장차 일본이 부강해지기 위해서는 외국과 무역을 할 수밖에 없다는 밀담을 나누고 있었다.

1867년 초 막부의 수장인 쇼군에 새로 취임한 도쿠가와 요시노부德川慶喜는 오사카성에서 프랑스 공사 레옹 로슈를 장시간 면담했다. 요시노부는 프랑스의 도움으로 막부를 전면적으로 개조하여 사쓰마번薩摩藩과 조슈번을 분쇄하려 했고, 로슈는 사쓰마번과 조슈번에 기운 영국에 맞서 자국의 영향력을 확대하려 했다.

면담 시작과 동시에 로슈가 "지금부터는 쇼군님도 아니고 프랑스 공사도 아니고 오직 일본을 위하는 한 사람의 외국인으로, 아니면 가신으로 생각하시고 아무거나 질문해주십시오"라고 하자, 요시노부는 나폴레옹 3세의 개혁 등에 대해 상세히 물으며 로슈의 구상을 정력적으로 빨아들이려 했다. 로슈가 너무 오래 얘기해서 피곤하실 테니 내일 다시 오겠다고 하자 그는 잠깐 쉬었다 계속하자며 로슈를 놓아주지 않았다. 토론은 이튿날에도 이어졌다.

이 대화에서 로슈는 요시노부에게 개국의 방침을 서양 열강에 공지하라고 제안한다. 아니, 막부가 이미 개국 방침이라는 건 다 아는 사실 아니었던가? 로슈는 "사쓰마번과 조슈번이 서양인들에게 '막부가 개국 반대의 천황 말을 듣고 개국 방침을 바꾸려 한다'고 말하고 다닌다"며 우려했다. 그래서 영국 공사 파크스Harry Parkes 같은 사람은 막부보다는 이 두 번이 개국에 더 적극적이라고 생각한다는 것이다. 그러니 신임 쇼군이 공개적으로 막부의 개국 방침을 천명하면 서양의 강력한 지지를 획득할 수 있을 것이라고 했다.

나는 그동안 1860년대 메이지유신 과정에서 벌어진 막부와 반막부의 투쟁은 개혁과 수구의 싸움이 아니라 '개혁 경쟁'이었다고 말해왔다. 그런데 앞의 대화를 보면 두 세력은 개혁 경쟁만 한 게 아니라 동시에 '개방 경쟁'도 했음을 엿볼 수 있다. 사쓰마번과 조슈번은 자기들의 수도인 가고시마와 하기를 개항장으로 만들려고 했다. 막대한 무역 이익이 탐났던 것이다. 이에 대해 로슈는 막부가 선제적으로 이 두 도시를 개항시키고 무역 관리를 독점하라고 제안했다. 그러면 두 번은 결사반대할 것이고 결국 서양 열강에 개국 의지를 의심받을 거라는 것이다. 서양 열강에 개국 의지가 진정으로 있는 세력으로 인정받는가 아닌가가 당시에 얼마나 중요했는지를 짐작할 수 있는 대목이다.

이렇게 보면 메이지 정부가 출범 직후 많은 지지 세력의 기대를 배신하고 서둘러 대외 화친을 선언한 것도 쉽게 이해가 된다. '개국의 방침을 서양 열강에 공지'하라고 했던 로슈의 생각을 막부 대신 메이지 정부가 실천한 것이다. 국내에서는

위험한 일본책

반발하는 자들이 있었지만, 그 덕분에 서양 각국은 '혹시 양이
攘夷 정부?'라는 의심을 거두고 메이지 정부를 적극적으로 지
지했다.

국제 정세를 좌지우지하는 강대국이 아닌 이상, 어떤 나라
도 그에 주파수를 맞추지 않을 수 없다. 그건 섣불리 '민족자
주' 운운하는 것처럼 쉬운 일은 아니다. 그러나 그 어려운 길
을 가지 않으면, 혹은 그 길을 찾아낼 능력을 기르지 않으면
민족자주는 공염불이다.

진영을 넘나든 정치가들의 활극, 메이지유신

　　도쿠가와막부가 무너져가던 1860년대 막부에는 가쓰 가이슈라는 인물이 있었다. 낯선 이름이지만 일본에서는 사카모토 료마坂本龍馬의 멘토로 유명하다. 그는 최하급 신분이었음에도 출중한 능력으로 요직에 발탁되었다. 당시는 사쓰마와 조슈를 중심으로 한 반막부 세력이 막부에 도전하고 있을 때였다. 그런데 가쓰는 이런 진영 대립의 시기에 '진영 논리'에 갇히지 않았다. 그는 막부가 권력을 독차지하던 시대는 지났다며 권력 공유를 주장했다. 대정봉환大政奉還(대권을 천황에게 돌려준다)을 구상하고 막부 측 인사들을 설득하려 한 것이다. 그러나 권력을 나눠 갖는다는 건, 예나 지금이나 어려운 일이다. 막부 실세들이 그를 멀리하기 시작했다. 그러자 적진에 뛰어들어 사쓰마번의 실세인 사이고 다카모리西鄕隆盛를 만나 막부와 사쓰마번, 조슈번 등이 천황 밑에 연합정권을 구성하자고 제안했다. 사이고는 이를 '공화정치'라고 호명했다. 메이지유신(1868년)이 일어나기 3년여 전이었다.

사이고는 가쓰를 만나보고는 이렇게 말했다. "실로 놀라운 인물이다. 두들겨 패줄 심산으로 만났지만 완전히 머리를 숙이고 말았다. 얼마나 지략이 있는지 모를 정도였다. 학문과 견식은 사쿠마 쇼잔佐久間象山이 발군이지만 실제 일을 다루는 솜씨는 가쓰 선생이 최고다. 정말 반해버렸다." 사쿠마 쇼잔은 당대 최고의 양학자로 요시다 쇼인과 사카모토 료마 등을 가르쳤던 인물이다. 반하기는 가쓰도 마찬가지였다. "그를 만나봤더니 식견과 논리 면에서는 내가 나았지만, 천하대사를 짊어지는 것은 결국 사이고가 아닐까"라고 내심 생각했다.

이처럼 가쓰는 정적이라도 말이 통하면 광범위하게 교류하면서 자신의 구상을 숨김없이 피력했다. 그럴수록 막부 핵심에서는 멀어져갔지만 사쓰마, 조슈 측의 평가는 점점 높아져갔다. 교토에서 왕정복고 쿠데타가 발발하고 천황 군대가 에도성을 공격하기 하루 전, 결국 막부는 가쓰를 육군 총사령관으로 삼아 전권을 부여하고 사이고와 협상하도록 하지 않을 수 없었다. 이미 마음으로 맺어져 있던 두 사람은 단번에 타협책을 찾아냈다. 이로 인해 에도 100만 시민은 전쟁의 참화를 면했고, 일본은 전면적인 내전을 피할 수 있었다. 정치인이란 결국 이런 일을 하는 사람이어야 하지 않을까.

천황 군대가 에도에 무혈 입성한 후에도 역사에서 보기 드
문 일이 벌어졌다. 에도 점령을 보고하기 위해 교토로 돌아가
는 사이고가 에도의 치안 유지를 가쓰에게 맡긴 것이다. 며칠
전까지만 해도 적군의 총책임자였던 사람에게 말이다. 그 담
대함에 가쓰도 기가 막혔던 모양이다. "대담한 사이고는 뜻밖
에도, 정말 뜻밖에도 이 난국 타개를 내게 맡겨버리고는 '어떠
십니까, 잘 부탁드립니다. 지금부터의 일은 가쓰 선생께서 어
떻게든 해주시겠지요'라고 하고는 에도를 떠나버렸다. 이 막
연한 '해주시겠지요'라는 말에 나는 말문이 막혀버렸다."(박훈,
《메이지유신을 설계한 최후의 사무라이들》)

가쓰 덕분에 목숨을 부지한 줄도 모르고 과격파들은 그를
'배신자'라고 공격했다. 그러나 그는 아랑곳하지 않고 평화적
정권 이양이라는 대업을 마쳤다. 그러고는 메이지 정부의 출
사出仕 요청을 뿌리치고, 유신遺臣이 되어 살길이 막막해진 도
쿠가와 가신단의 취업과 생계 지원에 남은 생을 바쳤다.

특이한 것은 그가 홍선대원군과 교류가 있었다는 점이다.
한·중·일 3국의 연대를 강조하며, 메이지 정부의 공격적인 아
시아 정책에 비판적인 그였던 만큼 조선 정계에도 관심이 있
었던 모양이다. 대원군이 죽자 가쓰는 "대원군이 마침내 죽었

구나. 이 인물에 대해서는 갓가지 평가가 있지만 어쨌든 일세의 위인이다. …… 나는 대원군이 나를 알아준 사람이라고 생각한다"고 추모했다(《히카와세이와氷川淸話》). 둘은 선물도 교환했고 일본에 있던 대원군의 손자 이준용은 가쓰를 여러 번 찾았다. 권력의 정점에서 물러난 두 사람은 무슨 맘으로 교분을 나눴던 것일까.

메이지 일본의 '성공' 비결

　　　　일본 홋카이도 남단 하코다테에 가면 고료카쿠五稜郭라는 성이 남아 있다. 1868년 궁정 쿠데타로 천황을 빼앗기고 한순간에 '조적朝敵'(조정의 역적)이 된 도쿠가와막부군이 마지막 저항을 했던 곳이다. 교토를 탈출한 막부의 쇼군 도쿠가와 요시노부는 본거지인 에도로 돌아왔다. 사이고 다카모리가 지휘하는 천황군은 에도 코앞까지 진군해왔다. 일촉즉발, 인구 100만이 사는 에도 한복판에서 피비린내 나는 전투가 벌어질 참이었다. 에도 총공격 하루 전 양측은 전격 합의했다. 쇼군은 항복하고 일개 다이묘로 내려가기로. 천황군은 에도를 무혈 접수했다. 반발이 없을 수 없었다. 막부 가신들은 앙앙불락怏怏不樂, 폭발 직전이었다. 이때 막부 해군 총사령관 에노모토 다케아키榎本武揚는 반발 세력을 함대에 태우고 에도만을 탈출하여 머나먼 홋카이도(당시는 에조치蝦夷地, 즉 오랑캐 땅이라 불렀다)로 향했다. 그러나 오래가지 못했다. 중과부적, 에노모토는 1869년 5월 투항했다(손일,《에노모토 다케아키와 메이지유신》).

패장의 처형은 당연한 것. 그런데 반전이 일어났다. 에노모토를 항복시켰던 천황군 사령관이 구명에 나선 것이다. 이유는 그가 죽이기 아까운 탁월한 인재라는 것. 에노모토는 1861년 몇 명의 막부 가신들과 함께 네덜란드에 유학해 무려 5년간 선박항해술, 증기기관, 화학, 국제법 등을 맹렬히 공부했다. 당시 해군과 화학에 관한 한 일본에서 그와 다툴 자는 없었다. 결국 투옥은 됐으나 목숨을 부지했다. 이게 끝이 아니었다. 그 후 에노모토는 메이지 정부의 요직을 두루 맡았다. 러시아와 사할린 영토 분쟁 때 특명전권 공사로 임명되어 사안을 깔끔히 마무리하더니, 해군경에 오르고 외무대신 등 대신을 네 차례나 역임했다. 불과 몇 년 전 정부군에 끝까지 항거하던 적장인데도.

독자들에게 생소할 에노모토 이야기를 길게 소개한 것은 메이지 시대 일본을 강하게 만든 힘 중 하나는 '국민 통합'이라고 생각하기 때문이다. 에노모토뿐만이 아니라 막부의 유신들이 메이지 정부에서 활약한 예는 수도 없이 많다. 사실 막부는 일찌감치 개명 정책을 취하고 양이운동의 광풍이 불 때도 초지일관했기 때문에, 서양에 정통한 인재를 가장 많이 품고 있었다. 지금 일본 1만 엔권에 초상화가 실려 있는 후쿠자와 유키치福澤諭吉는 게이오대학교를 세우고 언론계의 거물로 활약했으며, 도쿄제국대학교 총장을 역임한 가토 히로유키加藤弘之도 막부 출신이었다. 메이지 정부는 권력 핵심부에 그들을 들여놓지는 않았지만, 막부 인재들을 죽이지도, 내치지도 않고 폭넓게 등용했다. 그 대미를 장식한 것은 1898년 메이지 천황이 전 쇼군 도쿠가와 요시노부를 만나 '조적'의 오명을 사면해준 것이었다. 요시노부는 공작이 되어 귀족원 의원을 역임했다. 이제 막부의 수장도 천황의 신하로, 그것도 가장 고귀한 신분으로 복권된 것이다.

여기서 그치지 않는다. 메이지 정부의 급진적인 서양화 정책에 부글부글하던 사무라이들은 1877년 사쓰마(지금의 가고시마)에서 대규모 반란을 일으켰다(세이난西南전쟁). 그 리더는 공교롭게도 몇 년 전 막부토벌군의 총지휘자였던 사이고 다카모리였다. 이 반란은 많은 희생자를 내고 진압되었고, 사이고는 전사했다. 이쯤 되면 '반란의 수괴'임에 틀림없다. 그런데 어찌 된 일인지 패장 사이고에 대한 칼질은 없었다. 메이지 정부도 그에 대한 험담은 피했다. 그러더니 반란을 일으킨 지 20년 만에 메이지 천황은 그를 사면하고 정 3위에 추증했다. 또 한 명의 반란 수괴가 사면복권된 것이다. 그러고는 도쿄 시민들이 가장 좋아하는 우에노 공원 입구에 그의 동상이 세워졌다. 웬 뚱뚱한 아저씨가 개 한 마리를 끌고 있는 그 동상 말이다.

"그러니 당시 일본 사람들은 대단했다." 이렇게 말하는 것은 학자의 분석으로는 모자랄 것이다. 학계에서는 대체로 그 원인으로 세 가지 정도를 들고 있다. 첫째, 천황의 영향력. 천황의 권위가 급상승하면서, 방식이 달라 그렇지 존왕尊王의 일념은 다들 같았다고 과거를 덮었다는 것. 둘째, 내셔널리즘nationalism. 대외적 긴장을 선동하면서 내부를 단결시켜야 하는 상황에서 피아彼我의 대립이 완화되었다는 것. 실제로 다른 나라의 혁명에 비해 메이지유신 과정에서 발생한 희생자의 수는 압도적으로 적다. 그러나 강렬한 내셔널리즘은 동족상잔은 최소화했지만, 해외에서는 '자유롭게' 대규모 살상을 자행케 했다. 셋째, 막부 타도파와 막부 간에 사실상 노선 대립이 거의 없었다는 점(박훈, 《메이지유신은 어떻게 가능했는가》). 메이지 정부의 정책은 대부분 막부를 계승한 것이기에 막부 출신들의 협조를 필요로 했다.

그 이유야 무엇이었든 메이지 시대 일본이 탁월한 통합력을 과시한 것은 분명하다. 지금 우리는 왕조가 교체된 것도 아니고 밖에 나가서 대규모 살상을 저지를 일도 없다. 좀 더 통합해도 된다. 우리에게는 모두가 복종하고 입 다물어야 할 천황 같은 존재도 없다. 심복할 대상이 변변히 없으니 다들 반항적이다. 그러나 인재는 대개 반항하는 사람들 속에 섞여 있다. 내 말 잘 듣는다고 발탁한다면 뽑은 사람은 유능한 인사권자가 아닐 것이며, 뽑힌 사람은 에노모토 같은 인재는 아닐 것이다.

손정의가 료마에게 배운 것

　　일본 소프트뱅크 손정의孫正義(손마사요시) 회장이 가장 존경하는 역사적 인물은 사카모토 료마다. 독자들에게는 다소 생소한 이름일지 모르지만 일본에서는 초등학교 학생들도 아는 유명 인물이다. 손정의는 열다섯 살 때 료마의 일대기를 다룬 시바 료타로司馬遼太郎의 소설《료마가 간다》(인터넷에선 NHK 대하드라마 〈료마전〉을 한글 자막으로 감상할 수 있다)를 읽고 감동하여 미국 유학을 가야겠다고 결심했다. 아버지는 각혈을 하며 병석에 있었고, 가족의 생계는 막연한 때였다. 어머니도 친척도 담임선생님도 친구들도 미국행을 말렸고, 그가 듣지 않자 욕을 했다. 그러나 손정의는 미국행을 단행했다. 손정의는 이것이 자기 인생의 첫 번째 승부수였으며, 료마의 '탈번脫藩'(봉건영지인 번을 떠나 낭인이 되는 것)에 자극받은 것이었다고 술회했다.

사카모토 료마는 메이지유신을 추진한 수많은 사무라이들 중 한 명이다. 그러나 그는 다른 사람들과는 다른 식견과 통찰을 갖고 있었다. 메이지유신 직전 일본은 '양이 열기'에 뒤덮여 있었다. 서양 오랑캐는 짐승과 같은 자들이니 즉각 내쫓아야 한다는 것이다(조선의 흥선대원군이 그랬던 것처럼). 료마도 처음에는 그런 배외주의자들 중 한 명이었다. 그러나 그는 얼마 안 가 부국강병과 문명개화를 위해서는 세계와 무역하는 수밖에, 즉 개항하는 수밖에 없다는 걸 간파했다. 그는 동료 양이주의자들의 비난을 받으면서도 소신을 굽히지 않았다. 그리고 고향인 도사번土佐藩(지금의 시코쿠 고치현)을 떠나버렸다. 료마의 '탈번'이다.

당시 사무라이들은 각 번의 가신단에 속해 있어야 했다. 여기서 빠져나온다는 것은 지금의 무국적자가 되는 것에 비유할 수 있다. 경제적 기반을 잃는 것은 물론이고, 번의 신변 보호도 받을 수 없었다. 가족과 친구들이 뜯어말린 것은 물론이었다. 단 한 사람, 그의 왈가닥 누나만이 등을 떠밀었다. "료마야, 갔다 와라. 넌 도사번이 감당할 수 있는 사내가 아냐. 뭐든지 큰일을 해봐! 우리는 괜찮아, 갔다 와!" 료마가 따돌림을 당할 때도, 공부를 못해 쩔쩔맬 때도 옆에 있어주던 누나였다.

그 후 료마는 다른 사람들과 다른 일을 시작했다. 하나는 해군을 건설하는 것이었다. 우리는 흔히 일본은 섬나라니까 해양 국가이며, 당연히 해군이 강할 걸로 생각한다. 오산이다. 사무라이란 육군이지 해군이 아니다. 다케다 신겐武田信玄, 오다 노부나가 등이 등장하는 전국시대의 전투에 해전이란 거의 없다. 임진왜란 때를 생각해보라. 이순신 장군이 명장인 건 분명하지만, 그가 상대한 일본 해군은 100여 년에 걸친 전투에 단련된 육군과는 비교할 수 없을 정도였다.

도쿠가와 시대가 되자 막부는 한술 더 떠서 각 다이묘들에게 쌀 500석 이상을 실을 수 있는 선박의 제조를 금지했다. 영주들이 해군을 키울 가능성을 아예 차단해버린 것이다. 따라서 1853년 미국 태평양함대 사령관 페리 제독이 개항을 요구해왔을 때, 일본은 사실상 해군이 없는 나라였다. 바다의 시대에 해군이 없는 나라라! 료마는 이를 간파한 것이다. 그는 천신만고 끝에 사설 해군과 무역상사를 겸한 조직인 '가이엔타이海援隊'(바다에서 응원하는 조직)를 만들어, 무역도 하고 전투도 했다. 손정의는 '가이엔타이'의 깃발 디자인을 소프트뱅크 로고에 차용했다. 바다로, 외국으로, 세계로! 료마와 손정의는 격하게 공감했다. 일본의 쇄국은 이 과정에서 깨진 것이다.

아베 신조安倍晋三 전 총리와 긴밀한 관계가 있어 보이는 한 학교재단이 소속 유치원생들에게 교육칙어教育勅語를 암송시킨 일이 드러나서 시끄러웠던 적이 있다. 교육칙어란 1890년에 제정된 것으로 천황이 일본 신민들에게 삶의 방향과 애국의 자세를 훈계한 문장이다. 천황제일주의와 맹목적 애국주의를 강요한 것으로 비판받는 문장이다. 이게 21세기 대명천지에 다시 튀어나올 줄은 정말 몰랐다. 물론 극단적인 사례일 것이다. 그런데 그 뉴스를 듣고 얼마 지나지 않아 일본에 갔다가호텔 텔레비전에서 또 다른 충격적인 뉴스를 보게 되었다. 한 지방대학이 신입생 전원에게 다카스기 신사쿠高杉晋作(반막부운동의 영웅)의 좌선법坐禪法을 가르친다는 뉴스였다. 모두 일부의 얘기기는 하나, 영 마음이 개운치 않다. 일본은 제2의 쇄국을하려는가?

료마는 메이지유신 발발을 한 달도 채 남겨두지 않고 교토에서 암살당했다. 죽기 5개월 전 그가 교토로 올라오는 배 위에서 신정부의 강령으로 작성했다고 하는 '선상팔책船上八策'은 이런 내용이었다. "정권을 천황에게 반환, 상하양원의 의회설치, 신분을 불문하고 천하의 인재 발탁, 외국과의 불평등조약 개정, 헌법 제정, 해군 확장……."

료마는 신정부 탄생을 보지 못하고 죽었지만, 메이지 정부는 그의 구상을 그대로 실천했다. 지금의 일본 정부는 료마에게서 무엇을 배우고 있는가.

3장

임기응변과
면종복배의 나라,
한국

―――― 한국의 역사는 중국처럼 수천 년간 지역의 패자로, 문명의 센터로 지내온 역사도 아니고, 일본처럼 저 멀리 바다 한가운데서 지정학적 행운을 즐기며 자폐적으로 살아온 경우도 아니다. '고투의 역사'에 대해 적절한 말인지는 모르겠으나, 지적으로 이만큼 흥미를 자극하는 역사도 드물 것이다. 독특한 조건 속에서 분투해온 한국사의 경험은 역사에서 지혜를 구하려고 하는 많은 사람들에게 커다란 교훈과 영감을 줄 것이다.

한국사 감상법

　　한국인들의 역사 인식(자국사 인식)은 불안정하다. 별 근거도 없이 극에서 극으로 흔들려 과대평가와 자기폄하 사이를 수시로 왔다 갔다 한다. 먼저 과대평가를 살펴보도록 하자. 자국사가 단순한 학문의 영역이 아니라 '국민 설화'를 만드는 기둥이기도 한 이상, 예를 들면 교과서가 자국민에게 정당한 프라이드를 갖게 하는 역할을 해야 한다는 것은 부정하기 힘든 게 현실이다.

　　그러나 '국민 설화'도 학문의 통제하에 있어야 한다. 이걸 벗어나면 '국민 마약'이 된다. 마약은 달콤하다. 가장 환호하는 것은 상고사上古史 분야, 즉 잃어버린 '위대한 고대 제국'에 대한 열망이다. 이 주장은 학술적으로 입증된 주장, 즉 낙랑군이 평양에 있었다는 학설을 부정하고, 거꾸로 중국에 대한 한반도 역사의 영향을 강변한다.

한편 일본에 대해서는 글의 맥락이나 복잡한 구조는(사실 그리 복잡하지도 않다) 모른 척한 채(진짜 이해를 못 하는 것 같기도 하다), 조금이라도 일본 학자와 비슷한 주장이 있으면, '친일사학'이라고 우긴다. 이런 태도는 맥락이나 진의는 어찌 됐든 북한과 조금이라도 비슷한 주장이면 '용공조작'을 자행했던 사고방식과 구조적으로 일치한다.

경악할 만한 것은 대학 교수, 대학 총장, 국회의원 등 지도적 인사들 중에 무슨 독립지사라도 된 듯한 표정으로 '위대한 상고사'를 지지하는 이들이 있다는 것이다. 이 현상 자체가 매우 흥미로운 연구 주제라고 생각될 정도다. 조금만 생각해보면, 조금이라도 관련 책을 찾아보면 금방 판단될 일인데도 이 사회 엘리트들이 그러지 못하고 있는 모습을 보면 모종의 '종교적 심정'이 머리를 마비시키고 있는 것으로 보인다. 역사와 종교의 결합이라……. 무시무시한 일이다.

반대로 한국사에 대한 자기폄하를 살펴보자. 사실 대다수 한국인들의 역사 인식을 지배하고 있는 것은 패배주의이며, 열등 콤플렉스다. '위대한 상고사'와 과도한 민족주의적 역사 해석의 저변에는 이것이 자리 잡고 있다. 열패감을 지우기 위해 '위대한 역사'에 환호하는 것이다.

신문이나 잡지 등을 읽다 보면 당황스러울 때가 있다. 많은 지식인(개중에는 내가 존경하는 분들도……)이 보이는 역사 이해의 수준 때문이다. 얼마 전 한 필자는 "단군 이래 처음으로 G20에 들어간 우리나라"라는 표현을 태연히 썼다. 이분의 한국사 인식은 한국은 수천 년간 가난에 찌든 후진국이었고 대한민국이 되어 처음으로 세계 주요 국가에 들어갔다는 것이다. 과연 그런가? 이분이 아니더라도 한국은 고구려 때 잠깐 반짝했다가 신라의 삼국통일 이후에는 '별 볼 일' 없는 역사였다는 인식이 일반 시민에게도 넓게 퍼져 있는 듯하다. 중국이 동북공정으로 고구려를 빼앗으려는 시도에 한국인이 격렬하게 반대하는 배경에는 이런 고구려상도 한몫하고 있을 것이다.

그러나 정말 통일신라·고려·조선 왕국은 후진국이고 별 볼 일 없는 나라였나? 예를 들어 18세기 조선은 인구 1300만 명 정도가 먹고살 수 있는 나라였다. 다른 나라에 비해 찢어지게 가난했던 것도 아니었다. 주자학을 비롯한 지적 수준은 잘 알려진 대로 대단했다. 당시를 지금처럼 국가 랭킹으로 평가할 수는 없겠지만 당시 조선이 'G20'과 한참 거리가 멀었으리라고는 생각되지 않는다.

또 흔히 듣는 말 중에 "우리나라가 중국에 앞선 것은 20세기 몇십 년뿐인데, 그나마도 다시 원래대로 돌아가고 있다"는 것이 있다. 그게 어디 한국뿐인가. 일본도 베트남도 다 마찬가지다. 일반적인 현상을 두고 나만 못났다고 하니 반성이 아니라 자학에 가깝다. 한반도의 지정학적 조건은 매우 특수한, 아마도 세계사에서 유일한 케이스일지도 모른다. 흔히 우리 역사에 대해 평할 때 "중국 옆에서 살아남은 나라는 우리밖에 없다"고 하는데 결코 과분한 평가가 아니다. 베트남이 비슷한 경우라고 볼 수 있겠으나, 베이징과 하노이는 베이징과 서울에 비하면 저 너머 세상이다. 우리 역사를 바라볼 때는 이런 배경을 전제로 하지 않으면 안 된다.

한국의 역사는 중국처럼 수천 년간 지역의 패자로, 문명의 센터로 지내온 역사도 아니고, 일본처럼 저 멀리 바다 한가운데서 지정학적 행운을 즐기며 자폐적으로 살아온 경우도 아니다. 그만큼 더 복잡하고 깊은 사연이 있다. '고투의 역사'에 대해 적절한 말인지는 모르겠으나, 지적으로 이만큼 흥미를 자극하는 역사도 드물 것이다. 독특한 조건 속에서 분투해온 한국사의 경험은 역사에서 지혜를 구하려고 하는 많은 사람들에게 커다란 교훈과 영감을 줄 것이다.

철부지 어렸을 때는 자기 아버지가 세상에서 최고인 줄 안다. 그러나 어른이 되면 내 아버지가 제일 '위대한 사람'은 아니라는 걸 알게 된다. 때로는 능력에 부쳐 비웃음을 사거나 살아남기 위해 현실과 타협하기도 했다. 그러니 그의 몸엔 땀과 때가 덕지덕지 묻어 있다. 그러나 제일 잘나지는 않았지만 끈

질기게, 당당하게 살아온 그의 뒷모습을 보며 부끄러워할 자식은 없을 것이다. 그를 부끄러워하며 '위대한 아버지'로 분칠하는 것도, 위대하지 않다고 해서 비아냥거리는 것도 그의 삶에 대한 모독이다. 아니, 정말 무엇이 '위대한 것'인가?

세종의 '문명적 주체' 만들기

광화문에는 두 개의 동상이 있다. 바로 세종대왕과 이순신 장군. 화폐에도 이 두 분은 등장한다. 왜 이 두 명일까. 이순신 장군은 일본 침입으로 위기에 빠진 '민족'을 구했기 때문이고, 세종대왕은 '민족의 문자' 한글을 발명한 분이기 때문일 것이다. 두 경우 다 동상까지 세워진 이유는 '민족적인 인물'이라는 것이다. 그러나 이순신은 차치하고 세종의 경우는 좀 생각해볼 만한 지점들이 있다. 세종은 한글 창제만 한 게 아니다.

중국의 역법을 소화하여 《칠정산七政算》이라는 천문 계산서를 편찬했고 자동 물시계, 해시계를 만들었으며 아악雅樂을 제정했다. 장영실, 박연 등이 거대한 프로젝트의 주역들이다. 그런데 이것은 '민족주의의 개가'일까.

독자들께는 좀 불편하게 들릴지 모르겠지만, 한글 창제는 한자를 더 정확하게 읽기 위한 '발음기호'를 만들려는 동기도 있었다는 학설도 있다. 세종이 재위했던 15세기 전반 중국의 한자 발음은 조선이 알던 것과는 크게 달라져 있었다. 세월도 많이 흘렀고 몽골족의 지배도 오래 받았으니 당연한 일이었다. 중국의 선진 문물을 신속 정확하게 수용하려면 이래서는 곤란했다. 그런 상황을 타개하려는 것이 한글 창제의 동기 중 하나였다는 것이다.

세종은 또 《칠정산》의 편찬을 통해 조선이 중국 역법을 독자적으로 운용할 능력을 갖추게 하는 데 성공했다. 그렇다고 세종이 명나라 황제의 역曆을 거부하고 조선만의 고유한 시간 체계를 구축하려고 했던 것은 아니었다. 그런 면에서 영화 〈천문, 하늘에 묻는다〉가 세종과 장영실을 중국과 조선 조정의 사대주의자들에 맞서는 인물로 묘사한 것은 현대 한국인의 민족주의적 욕망을 덮어씌운 것일 뿐, 실상은 정반대였다(이에 대해서는 과학사 전공자인 임종태 서울대 교수가 페이스북에 쓴 예리한 감상평을 추천한다).

세종의 최대 목표는 조선을 중국과 다른 '조선적'인 나라로 만드는 데 있었던 게 아니라 중국에 버금가는 '문명국'을 조선의 힘으로 건설하려는 것이었다. 그것은 마치 메이지 시대 일본의 '문명개화' 같은 것이었다. 세종이나 오쿠보 도시미치나 장기 전략은 같았다. 메이지 정부 수립 과정의 일본에서도 '전통 수호가 일본 수호'라고 주장하는 세력이 메이지 정부를 격렬하게 공격했다. 그러나 오쿠보 등은 '서구화가 일본 수호'라며 한 치도 물러서지 않았다. 전자의 세력은 '존왕양이'로 대중을 선동했지만, 정작 천황을 중심으로 일본의 독립과 근대화를 이룬 것은 오쿠보 세력이었다. 돌이켜보면 또한 서양 문물을 배워 '선진국'을 이 땅에 건설하려고 줄기차게 노력해온 대한민국의 고투도 이 방향과 역사적 맥락에서 크게 다르지 않다.

조선시대 내내 사대부들은 세종을 조선에 중화 문명의 초석을 놓은 군주로 떠받들었다. 그게 조선왕조의 국시였기 때문이다. 그런데 민족주의가 세상을 석권한 근대 이후 한국인들은 세종을 '민족문화의 창달자'로 바꾸어 추앙했다. 그 끝에 광화문의 저 황금빛 동상이 놓여 있다. 이처럼 역사는 현실에 의해 재구성되고 재소환된다. 그러니 누가 어떤 의미로 동상이 되고 지폐 초상화가 되며 박물관의 주인공이 되고 교과서에 대서특필되는가는 바로 우리 사회가 어떤 방향으로 걸어가고 있는가를 말해주는 것이다.

세종은 '민족문화'를 창달했기 때문에 훌륭한 사람이 아니라 세계의 중심을 재빨리 알아채고 그를 따라잡고자 총력을 다하고 그것을 마침내 조선 땅에 실현시켰기에 위대한 인물이다. 그에게서 우리가 배워야 할 것은 '민족적 독자성'이 아니라 열린 마음으로 세계 수준의 문명을 이 땅에 건설하고자 했던 그 불타는 야망이다. 문명의 수준이 확보되지 않은 '민족적 독자성'이란 우리 민족을 열등한 지경으로 몰아넣을 것이기 때문이다. 세종이 감행했던 그런 노력이 오랜 기간 쌓여갈 때, 우리 민족은 이 땅에 새로운 중화, 새로운 문명을 탄생시킬 수 있을 것이다.

조선자강의 아쉬움

1876년 1월 구로다 기요타카黑田淸隆, 이노우에 가
오루井上馨 같은 메이지유신의 원훈들이 사절단을 이끌고 강
화도에 왔다. 강화도조약은 그로부터 단 16일 만에 체결되었
다. 한국 시민들은 일반적으로 이 조약이 매우 불평등한 것이
며, 여기서부터 일본의 침략이 시작되었다고 생각한다. 실상
은 꽤 다르다.

1868년 일본은 메이지유신으로 왕정복고가 되었음을 알려
왔다. 조선은 그 외교문서에 '황皇'처럼 중국 황제만이 쓸 수
있는 글자가 있다는 이유로 수령을 거절했다. 당시의 급박한
국제 정세를 생각하면 사소한 문제로 서로 타협하지 못한 것
이다. 그것도 무려 8년씩이나(지금도 중국과 달리 한국 매스컴은 천
황을 일왕이라고 쓴다). 조선이 외교를 거절하자 일본에서는 모

멸을 당했다는 여론이 확산되고 정한론征韓論이 등장했다. 그러나 이를 철부지 모험주의로 여기는 세력도 있었다. 이 둘이 사생결단으로 맞붙은 게 1873년 겨울의 '정한론 정변'이다. 비정한론파가 가까스로 이겼다. 그러니 이들은 축출된 정한론자들을 잠재우기 위해서라도 국교 정상화가 절실했다.

거물 사절단을 맞아 신헌, 강위, 오경석 등 조선 외교관들은 분전했다. 물론 영사재판권 등 불평등한 조항이 있었으나, 조선 측의 주장이 관철된 것도 많았다. "그들은(일본인들은) 조선에서 문제를 일으키기를 원치 않았기 때문에 조선이 쉽게 허락할 수 없는 것은 아무것도 요구하지 않았다"는 해리 파크스 Harry Smith Parkes 주일 영국 공사의 말은 과장이겠으나 일본은 국내의 정치적 이유로 어떻게든 판을 깨서는 안 되는 상황이었던 것은 맞다. 외교가 얼마나 국내 정치에 좌지우지되는가는 최근 몇 년간의 한일 관계를 떠올리는 것만으로도 충분할 것이다. "당시 일본은 조선을 개국시킨다는 명분으로 서양의 포함외교砲艦外交를 모방했지만, 실제로는 교섭이 결렬됐을 경우 조선 정벌을 단행할 능력도, 의지도 갖고 있지 않았다. 또 일본 국내의 긴박한 정세로 볼 때 빈손으로 돌아갈 수도 없었다. 따라서 이들은 강경 일변도로 나설 수만은 없었다."(김종학, 〈조일수호조규는 포함외교의 산물이었는가?〉)

비정한론파라고 조선 침략에 관심이 없었던 것은 아니었

다. 훗날 조선통감이 되는 이토 히로부미伊藤博文도 당시엔 비정한론파의 핵심이었다. 그렇다고 그들이 그때부터 조선 침략을 결심하고 있었던 것은 아니었다. "(일본에) 침략 의사가 있고 없고는 우리가 부강한 나라가 되느냐 여부에 달려 있습니다"《종정연표從政年表》)라는 온건개화파 어윤중의 말대로 우리의 운명은 우리 하기에 달린 것이다.

조선의 개화파는 필사적으로 자강을 달성해야 했다. 100년 후 그들의 후손들은 그들 못지않은 악조건하에서도 자강을 달성하지 않았는가? 그들이 '자강조선自强朝鮮'을 달성했다면, 일본으로 하여금 욕심 내다가도 멈칫하게 만들었을 것이다. '조선판 메이지유신'을 꿈꿨던 개화파가 일본에 기대한 것을 마냥 비판할 수만은 없다. 오히려 문제는 그들이 수구파 이상으로 분열을 거듭했다는 점이다. '강철대오'로 '자강조선' 건설에 매진해도 부족할 판에 이전투구를 벌였다.

그러나 그게 다는 아니다. 이웃 나라를 대할 때 긴 역사의 한 시기에 발생한 국력의 현격한 차이에 흥분해서는 안 된다. 야욕의 유혹을 뿌리치고 자제해야 한다. 메이지유신 이후 자강을 이룬 일본은 자강에 만족했어야 했다. 긴 역사를 가진 민족답게 국가의 흥망성쇠는 변화무쌍하다는 심모원려深謀遠慮가 있어야 했다. 그런 대전략가가 없었다. 일본에 선행을 하라는 게 아니다. 미주美酒인 줄 알고 호기롭게 마셨으나 사실은 독약을 제 손으로 삼킨 것이었다. 19세기 말부터 20세기 초 한일 관계의 비극은 이렇게 벌어진 일이었고, 그 후유증은 목하 우리가 보고 있는 대로 현재 진행형이다.

'뜨거운 감자' 흥선대원군

1882년 임오군란이 터지자 민씨 정권은 청나라에 진압군 파견을 요청했다. 병자호란 후 약 250년 만에 처음으로 2000명의 청군이 서울에 진주했다. 청나라는 민씨들에게 밀려나 있던 대원군이 군란의 수모자라고 보고, 그를 청으로 납치했다. 국왕의 생부에 대한 전대미문의 행동이었다. 고종과 민씨들은 환호했지만 기쁨은 곧 불안으로 바뀌었다. 대원군이 귀국한다는 풍문이 들리기 시작한 것이다. 청도 그를 오랫동안 붙잡아두는 건 부담스러웠고, 조선에는 대원군 지지 세력이 아직도 남아 있었다. 특히 위정척사衛正斥邪 세력이 강한 경상도에서는 모반 움직임까지 있었다. 어느새 대원군의 귀국 문제는 초미의 관심사가 되었다.

1884년 2월 16일 민씨 정권의 군사 실력자인 한규직이 일본

대리공사 시마무라 히사시島村久를 찾아와 대원군 관련 정보를 전했다. 대원군이 청 조정에 2000~3000명의 군대와 조선을 통치할 감국監國 파견을 요청하고 있고, 그때 함께 귀국하려 한다는 내용이었다. 시마무라가 있을 수 없는 일이라고 일소에 부치자 한규직은 기분이 상했던지 "임오군란이 나기 전 저는 조짐을 알았기에 호리모토 중위에게 '내란이 일어났을 때 재빨리 도망치지 않으면 크게 다칠 것이오. 그러니 지금부터 머리를 자르지 말고 조선 옷을 은밀히 준비하시오. 그래서 일이 터지면 곧바로 그 옷으로 갈아입고 조선인처럼 위장하시오'라고 충고했거늘 내 말을 믿지 않고 비웃더니 몇 개월 지나지 않아 난리를 만나 죽었습니다"라며 자신의 예지력(?)을 과시했다(《비서유찬秘書類纂 조선교섭자료 중권》). 호리모토 레이조堀本禮造 중위는 신식 군대인 별기군을 양성하다 임오군란 때 살해당한 인물이다.

사실 이번에도 한규직의 말이 옳았다. 대원군은 리훙장李鴻章에게 민비의 국정농단을 비난하고, "대신 한 명을 특파해 서울에 주재시키면서 대소 사무를 처리"하게 해달라며 감국 설치를 요청했다. 감국은 전통적인 조선과 중국의 관계에 어긋나는 것이었다. 대원군은 고려 때 정동행성征東行省을 설치한 전례가 있다며 정당화했다(다보하시 기요시田保橋潔,《근대 일선관계의 연구近代日鮮關係の研究》). 민씨들은 진압군을 요청하고 대원군은 감국을 청원하니, 나라의 체통이고 뭐고 이들은 오로지 정적 박멸에만 관심이 있었다.

약 20년 전 일본에서도 막부와 반막부파가 치열한 정쟁을 벌이고 있었다. 조약 체결로 이미 외교 공관을 설치하고 있던 서양 열강은 호시탐탐 개입하려 했다. 그러나 조슈번은 막부군의 침공을 당하면서도 영국에 군사적 도움을 요청하지 않았고, 막부 역시 전국을 통일해 도쿠가와 왕조를 만들자는 프랑스의 유혹을 끝내 받아들이지 않았다. "외세의 지원은 분명히 엄청난 힘이 되는 건 사실이었지만, 외세와 결탁했다는 꼬리표는 그것을 능가하는 정치적 손실을 가져오는 분위기였다. 아무리 권력투쟁이 격렬해져도 외세와 결탁하는 것은 안 된다는 합의가 정치 엘리트 간에 암묵적으로 있었다."(박훈,《메이지 유신을 설계한 최후의 사무라이들》)

시마무라 공사는 한규직의 말을 확인하기 위해 개화파인 홍영식을 만났다. 감국과 청군 파견 정보에 홍영식은 깜짝 놀라며 이를 막기 위해 일본의 도움을 요청했다. 그해 말에 일어난 갑신정변은 어쩌면 청의 감국 파견 소식이 조선의 개화파들을 자극한 측면이 있었을지도 모르겠다. 시마무라는 이어서 청군 사령관인 우장칭吳長慶에게 소문의 진위를 물었다. 우장칭은 대원군을 귀국시키는 일은 결코 없을 것이라며 풍문을 일축했다. 시마무라는 결국 청이 "갑자기 조선을 진짜 속국으로 만들

　　　　　　　　　　　　　　　　　　위험한 일본책

기 위해 감국대사를 파견하는 일은 결단코 없을 것"이라는 보고를 일본에 보냈다. 그러나 1885년 10월 리훙장의 부하 위안스카이袁世凱는 대원군을 호위한다는 명분으로 서울에 들어와 청일전쟁이 터질 때까지 사실상의 통감 노릇을 했다. 당시 개화파와 일본의 정세 인식은 이렇게 순진했다.

구한말 한·중·일 외교전

1896년 5월 모스크바에서는 세기의 외교 이벤트가 벌어지고 있었다. 러시아 황제 니콜라이 2세의 대관식에 참석하기 위해 전 세계에서 주요 인물들이 속속 도착했다. 청일전쟁 후 삼국간섭으로 긴장에 휩싸여 있던 동아시아 각국도 거물들을 파견했다. 청나라에서는 오랫동안 내정과 외교를 주물러왔던 리훙장이 왔다. 청일전쟁에서 그의 북양함대가 참패하는 바람에 세력은 많이 꺾였지만 국제적으로 '동양의 비스마르크'로 알려진 거물이었다. 일본은 야마가타 아리토모山縣有朋를 보냈다. 메이지 정부의 원로로 총리를 두 번 지내며 이토 히로부미와 당시 일본 정계를 양분하던 최고 실력자다.

조선은 민영환을 대표로 파견했다. 1905년 을사보호조약이 체결되자 이에 항거해 자결한 충정공 민영환, 그 사람이다. 민씨 세력의 인물이긴 했으나 정치적 중량감은 앞의 두 사람에 비해 떨어졌다. 나이도 35세로 리훙장(73세), 야마가타(58세)에 비하면 한참 어렸다. 윤치호도 대표단에 있었다. 청의 사절단은 수백 명 규모였지만 조선은 10명이 채 되지 않았다. 국력도 국력이지만 사절단의 존재감에도 현격한 격차가 있었다. 이 절체절명의 시기에 벌어진 치열한 외교 현장에서 뒤로 밀릴 수밖에 없었다.

러시아는 청의 사절단을 우대했다. 황제는 리훙장을 만나줬다. 황제 니콜라이는 일기에 이렇게 썼다. "고명한 리훙장을 만났다. 수행원을 대거 이끌고 왔다. 당당한 풍채의 노인이다."(와다 하루키和田春樹,《러일전쟁 1》) 청은 러시아에 동맹을 집요하게 요구했다. 청은 여전히 대국이었고 만주에는 러시아 이권이 걸린 철도가 있었다. 둘은 비밀조약을 맺었다. 일본의 야마가타는 조선 문제를 줄기차게 들이댔다. 그는 대동강 부근을 경계로 한반도 남북을 일본과 러시아가 각각 관리하자고 제안했다. 아관파천으로 조선 국왕 고종을 확보하고 있던 러시아는 밑지는 장사라고 생각해서 받아들이지 않았다. 머나먼 곳에서 제국주의자들 간에 조선 분할이 멋내로 오르내리고 있었다. 대동강은 무슨 죄인가. 기막힌 일이다.

민영환은 뭐 하고 있었나. 나름대로 분투했다. 조선이 사절단을 파견한 것 자체가 외교적 성과다. 민영환은 조선·러시아

동맹 체결을 요청했다. 원래 동맹은 국력이 비슷한 나라끼리 맺는 것이 보통이다. 괜히 약소국이랑 맺었다가 분쟁이 생기면 독박을 쓸 수 있기 때문이다. 1902년 영일동맹과 1953년 한미동맹은 그런 면에서 이례적인 조약이다. 러시아는 이 제안을 거절했다. 민영환은 군대 파견과 차관 제공을 줄기차게 요구했다. 러시아는 미적거렸다. 결국 10여 명의 러시아 장교와 병사를 파견해 조선 군대를 양성해준다는 약속에 그쳤다. 국왕이 러시아 공사관에 뛰어든 상태에서 협상의 지렛대가 있을 리 없었다. 조선에 파견된 러시아 장교 드미트리 바실리예비치 푸차타는 6000명의 조선 군대와 그를 뒷받침할 사관학교 설립을 제안했다. 이를 위해서는 군사교관과 차관이 필요했다. 고종도 전적으로 동의했고, 서울 주재 러시아 공사 카를 이바노비치 베베르도 본국 정부를 설득했다. 그러나 러시아 정부는 이마저 응하지 않았다. 고종의 필사적인 친러 정책은 수포로 돌아갔다.

신나는 얘기는 아니지만 외면할 수도 없는, 불과 120여 년 전의 일이다. 한국은 참 얄궂은 곳에 터를 잡고 있다. 유사 이래 유목 세력과 중국 세력이 대립하는 동안에도, 19세기 말 해양 세력과 대륙 세력이 격돌하는 와중에도 그 최전선이었다. 그러니 외세의 영향이 강한 것은 당연한 일이다. 남북한 모두 유난히 주체나 자주를 강조하는 것도 그에 대한 반발감 때문일 것이다. 그러나 그것들도 중요하지만 세계 대세에 대한 예민한 인식과 그에 올라탄 화려한 외교술이야말로 한국에 가장 필요한 것이다. 그래서 나는 평소 한국에서 가장 탁월한 인재들은 외교부나 국정원에 가야 한다고 믿어왔다. 물론 외교를 그 천재들이 아니라 다른 이들이 좌지우지한다면 아무 소용없다.

김옥균과 미야자키 도텐의 선상 음주

　　1884년 갑신정변이 실패로 끝나자, 김옥균은 일본으로 망명했다. 그 후 1894년 상하이에서 암살당하기까지 10년간 그곳에 머물렀다. 일본의 지원하에 쿠데타를 일으켰지만 국사범인 그를 정부 실권자 이토 히로부미, 이노우에 가오루 등은 불편해했다. 그러나 재야에서는 영웅 대접을 받았다. 훗날 총리가 되는 이누카이 쓰요시犬養毅, 아시아주의의 거두 도야마 미쓰루頭山滿, 근대사상의 태두 후쿠자와 유키치 등 그의 교유 범위는 광범했다. 김옥균은 활달하고 '센터 의식'이 강한 사람이었다. 어느 날 이누카이는 김옥균을 데리고 일본 철도회사 사장을 방문했다. 서로가 초면이었다. 달변인 김옥균은 이 자리에서 유창한 일본어로 세상사에 대해 떠들었다. 이누카이는 가끔 거들 뿐이었다. 거드는 그를 보고 사장이 말했다. "일본어를 참 잘하시는군요." 그를 김옥균으로 생각했던 것이다.

그에게 반했던 사람 중에서도 눈에 띄는 건 미야자키 도텐이다. 도텐이 누구인가. 쑨원孫文의 맹우로 일평생 중국 신해혁명에 헌신해 중국과 일본 근대사에 큰 족적을 남긴 인물이다. 김옥균은 스무 살 어린 도텐(당시 20세)에게 숭배의 대상이었던 모양이다. 도텐의 회고담에 따르면 1891년 도쿄에서 김옥균을 처음 만났다. 언제나처럼 말이 많은 김옥균이 임기응변臨機應變, りんきおうへん의 일본어 발음을 '인키오헨'이라고 하자 같이 있던 사람 중 한 명이 "선생님, 인키오헨이 아니고 린키오헨입니다"라고 고쳐주었다. 그러자 김옥균은 "그게 그거잖나. 자네는 인기오헨因機應變도 모르나"라며 뻔뻔하게(?) 응수했다.

3년 후 도텐은 다시 김옥균을 찾아왔다. 출타했다 돌아온 김옥균은 용건도 묻지 않고 "오늘 밤 달이 좋은데 앞바다에 배나 띄우고 노세"라며 하인에게 준비를 시켰다. 교교한 달빛 아래서 김옥균과 그의 제자, 도텐 세 사람은 권커니 잣거니 술잔을 거듭했다. 도텐은 앞에 조선인이 앉아 있는 것도 아랑곳하지 않고 조선은 이미 황혼의 나라이니 중국혁명으로 동양 전체의 판도를 바꾸지 않으면 조선도 변혁할 수 없다며 한 시간을 떠들었다. 듣고 있던 김옥균은 "정말 재밌네. 인연이야, 내가 생각한 것과 똑같네"라며 무릎을 쳤다. 그러곤 흉중의 생각을 털어놓았다. '나도 아시아 문제는 중국의 흥망에 달려 있다고 본다. 그에 비하면 조선 문제는 작은 문제다. 이건 비밀인데 곧 상하이로 가 리훙장과 담판할 것이다. 한 달 후에 돌아올 테니 그때까지만 기다리라'고. 도텐은 경호원으로 따라가겠다고 나섰다. 김옥균의 거절 이유가 재밌다. "아니, 후의는 고마운데 자네는 안 되네. 이번 중국행은 기밀유지가 중요한데 자네의 용모나 풍채는 이목을 끌어 안 돼." 인터넷에서 도텐의 사진을 보면 금방 이해가 될 거다.

이 두 사람은 왜 기어이 중국에 가려고 했던 것일까. 중국이 어떤 사회를 건설하느냐가 자기 나라뿐 아니라 아시아, 세계의 운명에 큰 영향을 미칠 거라고 생각했기 때문이다. 왜 중국은 근대사회로 나아가지 못하는가. 이것이 19세기 말 중국에 대한 질문이었다. 김옥균은 "자 얘기는 끝났으니 오늘 밤은 마시세!"라며 술잔을 들었다. 그러고는 조선말로 노래를 부르기 시작했다. 도텐에게도 노래를 부르라고 재촉했다. 도텐이 시를 읊자 이번에는 동승한 제자에게 강요했다. 숫기가 없던 그는 뱃전을 붙잡고 "유쾌! 유쾌!"라고 소리쳤다. 그때 물고기 세 마리가 배 안으로 뛰어들었다. "선생님께서는 '길조다!'라고 더없이 기뻐하시며 다시 축배를 들고 노래를 부르셨다."(이상 구스 겐타쿠, 《김옥균》)

그러나 길조가 아니었다. 곧 상하이로 건너간 김옥균은 민씨 정권이 보낸 자객 홍종우에게 암살당했다. 사마광司馬光이 쓴《자치통감資治通鑑》을 손에 든 채였다. 이제나저제나 김옥균의 호출을 기다리던 도텐은 믿으려 하지 않았다. 하지만 곧바로 발행된 호외를 받아보고는 엉엉 울었다. 김옥균 43세, 도텐 23세였다. 그는 김옥균의 뜻을 품고 기어이 중국으로 들어가 신해혁명에 뛰어들었다.

아! 1898년

　　1898년은 한국 근대사의 분수령이었다. 1894년 청일전쟁 발발로 일본이 세운 갑오정부는 하루가 멀다 하고 근대적 정책을 쏟아냈다. 하지만 일본의 통제하에 있었고, 너무 서두른 탓에 민심을 얻지 못했다. 삼국간섭으로 일본 세력이 쇠퇴하고 고종이 아관파천을 해버리자 단박에 무너졌다. 고종은 러시아를 의지하려고 했지만, 독립협회에 집결한 개화파들은 그 러시아마저 밀어내고자 했다. 러시아가 절영도 조차와 군대 주둔을 계획하자 독립협회는 종로에 초유의 대중 집회를 조직했다(1898년 3월 10일 만민공동회). 여기에는 서울 시민의 17분의 1인 1만여 명이 운집했다.

　　정부는 다음 날 러시아의 군사교관과 재정고문 철수를 약속했다. 갑오개혁이 이런 대중적 기반 위에서 전개되었더라면 어땠을까. 아쉬운 일이다. 조선에서 함께 물러난 일본과 러시아는 대한제국의 주권과 완전한 독립을 확인하고 대한제국이 군사교관이나 재정고문을 초빙하더라도 양국이 서로 동의하지 않으면 가능하지 않도록 하는 협약을 체결했다(니시-로젠 협정). 드디어 '자주적 근대화'의 기회가 왔다! 외세는 모두 물러가고 국내 개화파의 역량은 그 어느 때보다도 커져 있었다.

만민공동회는 그 후로도 숭례문, 종로 등지에서 연일 개최됐다. 러시아뿐 아니라 독일, 일본도 비판의 타깃이었고, 국토 조차 반대, 철도·전신 부설권 양여 반대, 무관학교 학생 선발 부정 비판 등 이슈도 다양했다. 거기에는 개화파 지식인뿐 아니라 백정을 포함한 서울 시민들이 대거 참여하여 주도적인 역할을 했음은 잘 알려진 사실이다. 게다가 정부 인사, 특히 친미 개화파에 가까운 유력 고관들도 적지 않은 역할을 했다. 그야말로 관민 일체의 개혁운동이었다(한철호, 《친미개화파연구》). 개혁파 정부와 독립협회는 기존의 중추원을 개편해 11월 5일 의회를 설립한다는 내용의 중추원 신관제新官制, 즉 의회 설립법을 공포했다. 개화파들에게는 꿈만 같은 날들이었을 것이다.

그러나 의회 개원 전날 밤, 즉 11월 4일부터 5일 새벽에 걸쳐 고종은 독립협회 간부를 체포하고 의회 설립을 취소해버렸다. 분노한 개화파와 서울 시민들은 연일 만민공동회를 열어 독립협회 복구와 의회 재설립을 요구했다. 이때부터 12월 23일까지 한국사상 최장기간의 철야시위가 벌어졌다. 그러나 고종은 2000명의 보부상들과 군대를 동원해 만민공동회를 기습하고 430여 명의 개화파 지도자들을 일제히 검거했다. 한국 근대화의 마지막 기회는 그렇게 차디찬 12월의 한가운데서 동결되어버렸다(《신편 한국사》41권).

독립협회와 만민공동회에 참가한 젊은 활동가들은 한국사에서 처음 출현한 근대인들이었다. 이들은 대부분 1870년대생들로 개화의 물결 속에서 성장했고, 한문교육은 받았지만 과거시험과는 무관한 이들이었다. 청소년 시절 사실상의 조선통감 위안스카이와 이에 빌붙어 개혁을 방해한 민씨 정권의 전횡에 분개했고, 청일전쟁에서 이긴 일본의 오만방자한 행태와 천인공노할 민비 시해를 목도한 이들이었다. 배재학당 졸업식에서 유창한 영어 연설로 한국 독립을 설파하고 만민공동회를 주도한 이승만(1875년생), 평양 만민공동회에서 그 유명한 '쾌재정快哉亭의 연설'로 청중을 격동시킨 안창호(1878년생), 만민공동회에 직접 참가하지는 않았지만 한때 동학운동에 가담했다가 이 무렵 개화사상에 눈을 뜨기 시작한 김구(1876년생), 황해도 유수의 개화파 집안의 장남으로 '민권과 자유'를 외치던 안중근(1879년생) 등이 그들이다.

1898년의 좌절 이후 이 '1870년대생'들의 행방은 자못 상징적이다. 이승만은 이듬해 1월 투옥되어 5년 7개월을 복역했고, 안창호는 미국으로 떠났다. 김구는 절에 들어갔고, 천주교 신자들의 재판 사건에 간여하던 안중근은 '서울 놈'들의 학정에 분을 삭이지 못했다.(황재문《안중근 평전》, 103~5쪽) 1898년 그해 겨울 예정대로 의회가 설치되었더라면 을사보호조약도, 한국병합도 그렇게 간단히는 이뤄지지 못했을 것이다.

조선 식민지화의 세계사적 특수성

　　도쿄 유학 시절 곧잘 대만 친구들하고 어울렸다. 대만도 일본 식민지였기에 '같은 편'인 줄 알고, 일본 욕을 하며, 맞장구를 기대했다가 김 빠진 적이 한두 번이 아니다. 그들은 별반 '반일 감정'이 없었다. 그러고 보니 베트남·인도네시아·인도 사람들도 식민 본국에 대해 썩 유쾌하게 생각하지는 않지만 강렬한 적개심을 표출하는 건 별로 못 본 것 같다. 그럼 우리가 특이하다는 건데 그 이유는 무엇일까? 위안부, 강제징용을 비롯한 일본의 악행이 가장 큰 이유임은 말할 것도 없다. 그러나 여기서는 우리가 그동안 간과해왔던 조선 식민지화의 특성에 대해 몇 가지 지적하고자 한다.

　　첫째, 장기간에 걸쳐 역사를 공유하고 교류를 해온, 같은 문화권의 이웃 나라를 식민지화했다는 점이다. 영국과 인도·미

얀마, 네덜란드와 인도네시아, 프랑스와 베트남 등 많은 경우 같은 문화권이 아닌, 멀리 떨어진 곳을 식민지화한 것과 대조적이다(영국이 식민지로 삼은 아일랜드는 이웃 국가였지만 둘 사이에는 근대 이전부터 긴 침략의 역사가 있었다). 게다가 중화 질서의 우등생이었던 조선은 일본에 대해 문화적, 국제적 우월감을 갖고 있었다. 역사를 공유하고 있었기 때문에 가능했던 역사 조작들(신공황후神功皇后의 신라 정벌, 임나일본부설任那日本府說, 일선동조론日鮮同祖論 등)은 한국인들에게 깊은 내면적 상처를 안겨주었다. 한일 간의 역사 분쟁은 이미 이때부터 있었던 것이다. 영국과 인도 사이에 이런 일은 일어날 수 없었을 것이다. 역사 조작으로 한국인의 정체성을 부정하려고 한 시도들은 독립 후까지 한국인들을 크게 분노시켰다.

둘째, 조선은 세계 주요 국가 중 가장 늦게 식민지가 된 경우다. 세계가 이미 제국 해체의 시대로 접어들 무렵(청나라, 합스부르크, 오스만튀르크, 러시아제국의 해체), 일본은 거꾸로 제국주의를 강행했다. 베트남, 인도네시아 등 아시아의 식민지화는 거의 1880년대 이전에 이뤄졌다. 그런데 1880년대 이후 세계 각지에서는 민족주의가 발생하기 시작했다.

조선에서도 1880년대 이후 병합까지 약 30년 동안 민족주의가 형성·강화되었다. 임오군란, 갑신정변, 갑오농민전쟁, 대한제국 수립, 독립협회, 만민공동회, 애국계몽운동 등이 모두

이 시기에 일어난 일들이다. 다른 식민지와 달리 조선은 식민지가 되기 이전에 이미 강력한 민족주의의 세례를 받은 사회였던 것이다(대만은 비교적 늦은 1895년에 식민지가 되었으나, 이곳은 국가가 아니라 중국의 일개 지방이었다는 점에서 조선의 경우와 다르다). 조선은 이미 남의 통치를 받기에는 너무 커버렸다.

셋째, 비교사적으로 식민 기간이 짧았다는 점이다. 물론 우리 민족에게 암흑의 35년은 너무도 긴 기간이었지만 말이다. 16세기 이래 서양에 점령당한 아메리카대륙은 차치하고라도 거의 모든 식민지의 경우 35년보다 길다. 이 짧은 기간 동안 일본은 동화 정책과 차별 정책 사이를 우왕좌왕했다. 식민지 정책은 크게 동화 정책과 차별 정책으로 나뉘는데, 전자는 식민지의 독자성을 인정하지 않고 식민 본국과 완전히 같은 사회로 만드는 것이고(프랑스와 알제리), 후자는 차이를 인정하여 본국의 언어나 법률 적용 등을 강제하지 않는 것이다(영국과 인도, 네덜란드와 인도네시아). 정치적으로 전자는 식민지인들에게도 본국 의회의 투표권을 줘야 하며, 군대 의무도 부과해야 한다. 후자는 식민의회를 따로 인정하는 것이다(인도의 경우).

그러나 일본은 동화 정책을 표방하면서도 끝내 조선인들에게 투표권과 입대를 허용하지 않았다(태평양전쟁 때 위기에 몰리자 약간 변화). 투표권이 생기면 인구가 많은 조선에서 일본 의회의 3분의 1가량을 차지하는 조선인 의원들이 나올 것이며,

이들이 '조선당'을 만들어 캐스팅보트를 행사하면 큰일이라고 거부했다. 군대 문제도 마찬가지였다. 조선인에게 총을 쥐여준다? 그 총구가 앞만 향하리라고 장담할 수 없다며 꽁무니를 뺐다(김동명,《지배와 저항 그리고 협력》).

이렇게 식민지 정책이 갈팡질팡하면서도 초지일관한 게 있었으니 바로 독립 논의를 일절 허용하지 않은 것이다. 미국과 필리핀, 영국과 인도 등 다른 경우에는 식민 본국 정부와 식민지 정치 엘리트 사이에 자치의회, 독립 등을 놓고 논의와 협상이 있었으나(심지어 1930년대 중반 미국 의회는 가까운 장래에 필리핀을 독립시킨다는 법안을 통과시켰다), 일본은 달랐다. 이 때문에 조선의 주요 정치 엘리트들은 망명하여 독립운동을 했고, 일본은 국내에 남아 있던 엘리트들과도 이렇다 할 정치 협상을 벌이지 않았다. 이런 상태에서 일본이 패전국이 되고 조선은 갑자기 독립했으니, 혼란은 피할 수 없었다. 한국전쟁의 책임을 일본에 묻지 않을 수 없는 이유다.

지금 돌아보면 과거에 식민 지배를 당했던 나라 중 한국만큼 '센' 나라는 없다. 강대국들은 전쟁 책임에는 관심이 많아도 식민 지배 책임에는 귀 기울이지 않는다. 그들도 가해자였으므로. 따라서 식민지 문제는 한국이 앞장서서 그 세계사적 의미와 정체를 밝히지 않으면 안 된다. 그러기 위해서는 먼저 우리의 경험을 냉정하게 객관화할 필요가 있다.

'면종복배'를 헌법 전문에 넣자

　　동료들과 여수·순천 지역 답사를 다녀왔다. 답사의 묘미 중 하나는 역시 이동 중 나누는 대화(수다?)다. 이런저런 얘기를 나누다 내가 농담조로 말했다. "한국 역사를 생각하다 보면 난 우리 헌법 전문에 임기응변臨機應變, 면종복배面從腹背라는 말이 들어가야 한다고 생각해요." 다들 역사학도인지라 무슨 말인지 금방 알아듣고 깔깔댔다.

　　무슨 해괴한 소리인가 의아하실 것이다. 흔히들 우리 역사는 '고난에 찬 저항의 역사'라고 한다. 틀린 말은 아니지만 무엇으로 그 엄청난 도전에 저항했는지가 중요하다. 교과서에 등장하는 건 양만춘(안시성 전투), 을지문덕(살수대첩), 강감찬(귀주대첩), 이순신(임진왜란) 등 전쟁 영웅들이다. 을지로, 충무로, 이순신 동상, 낙성대 등으로 이들을 기리느라 분주하다.

그러나 무력 저항에 대한 찬양만으로는 이런 승리에도 불구하고 장기간 조공국으로 지내온 한국사를 쉽사리 설명해내지 못한다. 수많은 침략과 간섭을 겪으면서도 끝내 살아남았다는 것, 살아남았을 뿐 아니라 세계 유수의 문명사회를 꾸준히 유지해왔다는 것, 여기에 한국사의 매력과 비밀, 그리고 한국인의 힘이 숨어 있다. 나는 그것을 임기응변과 면종복배라는 다소 과격한 말로 표현한 것이다.

먼저, 임기응변. 한국에 온 내 일본인 친구들은 '아무 계획 없이 행동하는' 한국인들을 보며 처음에는 '도대체 이런 사회가 어떻게 굴러가지?'라고 생각한다고 한다. 하지만 한 달 정도 머물며 한국인들의 임기응변 신공을 접하고는 "나루호도 なるほど(그렇구나)!"라고 한다는 것이다. 앞에서도 언급했지만 일본에 망명한 김옥균이 임기응변(린키오헨)의 일본어 발음을 자꾸 '인키오헨'이라고 하는 것을 일본인이 지적하자 "그게 그거잖나. 자네는 인기오헨因機應變도 모르나!"라며 응수한 적이 있다. 매뉴얼에 집착하는 일본인들에게 아마도 김옥균은 '임기응변'이라는 말을 자주 했을 것이고, 발음이 틀린 걸 지적받자 '임기응변'을 발휘한 것이다. 제조업이나 장인匠人 문화에는 임기응변이 어울리지 않지만 엔터테인먼트나 IT 산업에는 딱이지 않을까?

다음으로 면종복배. 나는 이 말을 꼭 부정적인 의미로만 생각할 필요는 없다고 본다. 한국사에서 중국에 대한 대응은 이한마디로 요약할 수 있다. 사대주의의 역사는 곧 면종복배의역사다. 삼전도에서 삼궤구고두三跪九叩頭의 예를 했건만 조선인들은 대보단大報壇을 쌓았다. 겉으로는 청나라에 순종하는척했지만 청의 적국이었던 명나라를 추앙하는 단을 쌓고 제사를 지낸 것이다. 서양과 일본의 위협 앞에서는 '속국'을 자처하며 중국의 지원을 요청했지만 1880년대 청이 위안스카이를파견하여 진짜 속국으로 만들려 하자, 개화파뿐 아니라 고종도 가만있지 않았다.(갑신정변, 조러밀약)

일제강점기 때도 마찬가지다. 통감 이토 히로부미는 고종과한국 대신들이 자기 앞에서 하는 말과 실제 행동이 너무 다른것에 '분개'했다. 그의 '매뉴얼'에는 없는 행동들 앞에서 이토는 크게 당황했다. 병합 후에도 일제에 저항한 게 만주 독립군만은 아니었다. 일제에 협조하는 척하던 많은 한국인들 역시속으로는 '천만의 말씀, 만만의 콩떡'이었다. 일본이 보기에 한국인 대부분은 이해할 수도 없고 믿을 수도 없는 '불령선인不逞鮮人'이었다.

'비타협적인 저항과 투쟁'이라는 민족주의적 서사로 우리역사를 얘기할 수도 있다. 혹은 '불변의 정의를 추구하는 고결한 지조'라는 성리학적 서사를 취할 수도 있다. 그러나 실제로 우리가 걸어온 길은 그런 게 아니다. 한국사의 특성과 강점은 다른 데 있다. 거기에서 한국 고유의 힘과 매력이 나온다. 면종복배라는 어감 때문에 거슬릴 수도 있겠지만 꼭 그럴 일만은 아니다. 그것은 생존과 번영을 위한, 혹은 힘만 믿고 까부는 강자를 '엿 먹이는' 고도의 정치적 태도다. 임기응변, 면종복배, 이런 말들이 점잖은 우리 헌법에 들어갈 리 없다는 것쯤, 나도 안다. 너무 더워 해본 망상이다.

한국혁명

2023년 1월 혁명비교연구회에서 주최한 학회에 참석하기 위해 도쿄에 다녀왔다. 영국, 프랑스, 러시아, 중국, 일본, 이란, 아랍, 미국 등 8개 지역에서 벌어진 혁명을 비교하는 모임으로 다양한 국적의 연구자들이 한자리에 모여 열띤 토론을 벌였다.

이 학회에 참가하면서 내게는 머리에서 떠나지 않는 문제의식이 하나 있었다. 왜 '한국혁명'은 없는가? 메이지유신은 1868년에 일어났으니 한 150년쯤 됐는데, 150년 전의 조선(대원군 치하)과 지금 한국의 변화 정도를 비교하면, 일본은 물론이고 다른 어떤 나라도 명함 내밀기가 쉽지 않을 것이다. 1860년대 이전 일본을 지배했던 유력 가문 상당수는 지금도 떵떵거리며 살고 있는데, 한국에서는 지배층이 거의 사라졌다. 오늘날 한국의 정계, 관계, 재계를 주름잡는 집안들은 죄다 신흥 가문들이다.

이런 폭의 변화를 혁명이라고 하지 않으면 뭐라 부를 수 있을까. '혁명'이 없었던 건 아니다. '동학농민혁명'에서 '4·19혁명', '5·16혁명', '촛불혁명'에 이르기까지 너도나도 '혁명'이다. 그러나 '프랑스혁명, 러시아혁명, 혹은 메이지유신(최근에는 메이지혁명, 유신혁명이라는 호칭이 늘어나고 있다)에 필적할 만한 혁명은?' 하고 묻는다면 답이 궁해진다. 아닌 게 아니라 이런 호칭을 쓰는 사람 누구도 '한국혁명'이라는 말은 쓰지 않는다.

이번 학회에서는 '장기 혁명'에 관한 논의가 많았다. 어떤 정치적 사건을 중심으로 단기적으로 파악하는 게 아니라 그것을 촉발시킨 발단에서부터 격변이 수습되어 새로운 체제가 궤도에 오르기까지의 시기 전체를 혁명 과정으로 설정하자는 것이다. 그렇게 되면 혁명은 수십 년간의 변혁 과정으로 파악되게 되고, 어떤 경우에는 100년이 넘는 과정으로 보는 시각도 생길 수 있다. 그렇다면 근대 한국 100여 년의 역사를 장기적 혁명의 과정으로 볼 수 없는 것도 아닐 것이다.

그런데 왜 주저하게 되지? 하나는 한국혁명을 상징할 만한 극적인 정치적 사건이 없었다는 점을 들 수 있겠다. 프랑스혁명의 바스티유 감옥 습격, 메이지유신의 왕정복고 쿠데타 같은 뭔가 그 전후를 명확히 구분할 수 있을 만한 정치 이벤트가 한국에는 없었다. 또 하나, 혁명의 주체 세력 문제가 있다. 어떤 변혁 과정을 혁명이라고 하려면 뚜렷한 주체 세력을 설정할 수 있어야 한다. 서로 분열하고 경쟁하더라도 혁명 목표를 향해 헌신하고 돌진하는 혁명 주체 세력 말이다. 프랑스의 자코뱅·지롱드당·로베스피에르, 러시아의 볼셰비키·멘셰비키·레닌, 일본의 사쓰마번·조슈번·사이고 다카모리 등을 기억하면서 사람들은 혁명에 감정이입하고 그 대의를 학습하며 그 역사 인식을 내면화해간다. 당연히 이들 관련 삽화들이 이 나라들의 화폐를 장식한다. 한국에는 레닌도, 사이고 다카모리도, 미라보Honoré Gabriel Riquetti Comte de Mirabeau도, 국민당도, 공산당도 없다. 그러니 지폐에도 동전에도 110년 전 불명예스럽게 퇴장한 왕조의 인물들만 박혀 있다.

그렇지만 한국은 혁명 없이도 혁명적으로 변화했다. 이걸 어떻게 설명하지? 회의 마지막 날 총괄토론을 한 와타나베 히로시渡邊浩 도쿄대 명예교수의 발언이 힌트가 되었다. 혁명 대신 'big rapid change', 즉 '거대하고 급속한 변혁'이란 호칭을 쓰면 어떻겠냐는 것이었다. 와우! 한국 근대사에는 딱이다. 딱히 혁명이라 부를 만한 일은 없었지만 한국이 겪은 지난 100여 년간의 경험이 '거대하고 급속한 변혁'임에는 틀림없지 않은가. 혁명 비교가 아니라 'big rapid change' 비교사 학회를 한다면 한국 근대사는 주빈으로 한자리를 차지할 것이다. 이런 점에서 한국 근대사 서술은 지금부터다.

식민 지배, 남한과 북한의 '변화change' 평가 문제 등 난제가 많다. 한국의 정체성을 드러내주는 매력적인 근대사 내러티브가 만들어질 때에야 비로소 한국 지폐에도 좀 더 어리신(?) 분들이 등장할 수 있을 것이다.

2부

무시와 두려움 사이

한국과 일본 상호 인식의 덫

2부는 한국과 일본의 상호 인식에 관한 글을 모아보았다. 유학 시절 도쿄대학교에서 수업을 받던 중 19세기 초 일본인이 쓴 텍스트에 만주를 가리키는 말로 '도이ッ伊'라는 단어가 나왔다. 근엄하기 짝이 없는 일본인 교수님께서 "이 단어가 어디서 나온 말인 줄 아는 사람?" 하셨다. 그러곤 내게 눈길을 돌렸다. '왜지?' 안 그래도 서툰 일본어 탓에 위축되어 있는 사람한테 왜 저러시나…….

"한국어에 '되놈'이라고 있죠? 중국인을 폄하하는…….'"

"아, '뙤놈'. 네, 있습니다."

"거기서 나온 말입니다. 이 저자가 그 말을 어디선가 듣고 쓴 말일 겁니다."

"아, 네……. 재미있네요."

대화는 거기서 끝날 줄 알았더니, 그게 아니었다.

"일본인은 '왜놈'이라고 하죠?"

"픕!"

순간 당황했으나 교수님 발음이 너무 정확해서 그만 실례를 하고 말았다. 다른 학생들은 멀뚱멀뚱 바라만 보고 있었다.

'왜놈'이 상징하는 것처럼 일본인에 대해 한국인은 멸시와 불신의 감정을 갖고 있다. 그러나 '왜놈'이라는 말에는 두려움과 불안의 감정도 진하게 묻어 있다. 식민 지배를 당하면서 여기에 증오와 피해의식, 동경과 인정까지 더해져 그야말로 콤플렉스라는 말 말고는 달리 형용할 방법이 없는 감정이 만들어졌다. 허구한 날 '왜놈' 욕을 하던 사람이 무너진 성수대교를 보며 "왜놈들이 만든 다리는 지금도 멀쩡한데!"라며 좌중에 일제日製의 우수성에 대해 일장연설을 하던 장면을 기억한다.

한국인에 대한 일본인의 감정도 만만찮게 복잡하다. 유학시절 내가 만난 많은 일본인들은 과거사에 대해 미안해하며 한국이라면 한 수 접어주는 태도를 보였다. 다 좋은 분들이었지만 영 입맛이 개운치 않았다. 피해의식 때문인지는 몰라도 '가진 자의 여유' 같은 게 마뜩잖았다. 세월이 훌쩍 지나 일본의 '잃어버린 10년'이 20년이 되고, 30년이 되는 사이, 한국이 턱밑까지 따라왔다. 그러자 혐한까지는 아니더라도 많은 일본인들의 한국을 대하는 태도가 달라져버렸다. 내가 보기에 일본인들은 서양에 대한 콤플렉스가 우리보다 더 심한데, 그걸 보상받기 위해서 '그래도 한국은 일본 밑에 있어줘야 한다'는 심리라고 생각한다. 물론 내게 호의를 베풀던 분들은 변함없을 거라 믿지만.

다행인 것은 양국의 급격한 변화 와중에 성인이 된 요즘 젊은이들은 마치 다른 세상 사람처럼 상호 인식이 달라졌다는 점이다. 한국의 10대, 20대에게 일본은 '귀여운 아날로그의 나라'지 더 이상 콤플렉스의 대상이 아니다. 그들은 일본 얘기에 흥분하는 기성세대를 보면 세상 심심하다는 표정을 짓는다.

내가 다니는 동네 슈퍼의 주인 아들딸은 자주 슈퍼를 지키는 효자, 효녀인데, 늘 일본 노래를 틀어놓고 즐겁게 일한다. 일본 젊은이들은 한국 식민지 얘기가 화제에 오르면 "도대체 저런 선진국을 상대로 '감히' 일본이 어떻게 그런 짓을 했지?"라는 표정을 짓는다. 지금은 아마도 일본에 대한 한국 젊은이들의 선망보다, 일본 젊은 친구들의 한국 동경이 더할 것이다.

20년 전 도쿄 신주쿠에서 일본인 친구와 순댓집에 마주 앉아 "앞으로 우리가 서로 왜놈, 조센징 하고 놀리며 스스럼없이 놀 수 있는 때가 왔으면 좋겠다"고 말한 적이 있다. 그 친구는 차마 순대는 입에 대지 못했지만 "그럴 때가 오겠지" 하고 맞장구쳐줬다. 그런데 최근 재미있는 유튜브 영상을 봤다. 한국과 일본의 젊은 친구들이 서로 "왜놈 새끼", "조센징" 하며 우정을 나누는(?) 영상이었다. 이들이 하루빨리 자라줬으면 좋겠다.

4장

조선이 망한 것은
반일 감정이
모자라서가 아니다

—— 1910년 조선이 망한 것은 반일 감정이 모자라서가 아니다. 일본을 증오하고 규탄하는 사람들은 전국에 넘쳐흘렀고, 일본을 깔보고 멸시하는 사람들도 사방에 빽빽했다. 모자랐던 것은 메이지유신 이후 40여 년간 일본이 어떻게 변해왔는지, 그게 우리의 운명에 무엇을 의미하는지 제대로 파악한 사람이었다.

일본을 대하는 법

세계에서 일본을 무시하는 것은 한국 사람들뿐이라는 얘기가 있다. 실제로 유럽인들은 일본 사회를 약간 이상하게는 봐도 무시하지는 않으며, 중국인들은 아주 미워하면서도 깔보지는 않는다. 내가 20여 년 전 일본 유학을 떠난다고 하니 친척 어른들은 "일본 역사(간혹 왜놈 역사라고 하는 분들도 있었다)에서 뭘 배울 게 있다고 유학을 가도 하필……" 하며 혀를 끌끌 찼다. 거기다 대고 나는 "지피지기知彼知己면 백전백승百戰百勝"이라고 해봤지만 그다지 효과는 없었던 것으로 기억한다.

당시 일본과 한국의 격차는 컸다. '왜놈' 운운하는 친척 어른들도 "물건은 일제가 최고"라며 도시바 선풍기 앞을 떠날 줄 몰랐고, 백화점이나 다리가 무너지자 "왜놈들이 일제 때 만든 건 지금도 끄떡없어!"하며 갑자기 일본 대변인이 되어버리곤 했다.

일본에 관광 온 한국인들은 아키하바라에서 최신 전자 제품을 사느라 여념이 없었고, 우리와 달라도 너무 다른 거리의 질서와 청결에 뱉으려던 침을 도로 삼키던 시절이었다.

방송들은 일본 텔레비전 프로그램을 베껴대면서도 입만 열면 반일, 반일 했고, 독립지사 같은 신문기자들의 입에서도 '요코'(가로), '다테'(세로), '미다시'(제목), '사쓰마와리'(경찰서 출입) 같은, 일반 시민들은 모르는 일제日製 전문 용어가 술술 튀어나왔다.

내가 1990년대 유학생으로 나리타에 내린 날은 곱디고운 보슬비가 내렸다. 거기서 리무진 버스를 타고 유학생 기숙사에 가는 내내 맘이 편치 않았다. 기숙사로 가는 차창 밖에 펼쳐진 '선진국'의 모습을 내다보며, 일제 치하에서 《민족개조론》을 쓴 이광수, 그리고 1970년대 초에 일본을 맞닥뜨린 김윤식 선생(《내가 읽고 만난 일본》)의 심사를 어지럽혔던 '격차의 벽'이 떠올랐다. 나도 그 연장선상에 어쩌다 서버렸음을 직감했다.

그런데 지난 20년간 믿기 힘든 일들이 벌어졌다. 정치, 경제, 사회, 문화 등 각 방면에서 한국이 일본의 턱밑까지 쫓아간 것이다. 1997년 김대중 대통령이 당선되던 날에는 일본 최고의 앵커 쓰쿠시 데쓰야가 명동성당 앞에서 "긴다이츄(김대중의 이름은 이 일본 발음으로 널리 알려져 있다)가 대통령이 되었습니다. 여러분, 믿기십니까?"라며 한국 민주주의의 역동성에 찬사를 보내고 일본 정치를 맹비난했다.

아시안게임에서도 올림픽에서도 우리는 일본을 제쳤다. 나는 2013년부터 3년간 세 번에 걸쳐 일본 도쿄대·와세다대, 중국 푸단대復旦大와 함께 '한·중·일 청년 역사가 세미나'를 개최해왔다.

동아시아사를 전공하는 40세 전후 젊은 역사학자들의 학문적 교류를 위한 것이었다. 내가 공부를 시작했던 1980~90년대 동양사의 최고봉은 일본이었고, 나는 그 거대한 벽 앞에서 숨이 가빴다. 그러나 이 세미나들에 제출된 우리 측 논문들은 일본 측 논문에 전혀 손색이 없었다.

그동안의 분투 덕분에 요즘 젊은이들은 일본 콤플렉스가 거의 없는 것 같다. 학생들에게 우리가 일본과 대등하다고 생각하느냐 하면 대부분 당연한 걸 왜 묻나 하는 반응이다. 격세지감, 천지개벽이다.

그러나 나는 불안하다. 우리가 일본을 너무 일찍 과소평가하고 있다고 생각하기 때문이다. 사실 지금 우리 사회의 중추인 50~60대는 일본과 가장 격절된 세대다.

이들은 일제를 경험한 윗세대나, 일본 문화를 통해 일본 사회를 줄곧 접해온 젊은 세대와 비교할 때 일본을 잘 모르는 세대에 속한다. 다 그런 것은 아니지만, 미국 박사학위 소지자가 압도적으로 많은 이 세대 오피니언 리더들과 얘기해보면, 미국이 보는 시각으로 일본을 내려다본다는 느낌을 자주 받곤 한다. 이런 것이 영향을 끼쳐서일까? 일본은 한물간 나라라고 공공연하게 말하는 학자가 있는가 하면, 일본사 수업에서도 일본어 텍스트 수업이 불가능할 정도로 일본어는 '변방어'가 되어버렸다.

우리는 아직 도전자의 자세로 일본을 더 알아야 한다. 알아도 샅샅이 알아야 한다. 일본이 무서워하는 나라는 큰소리치는 나라가 아니다.

서울 지하철 젊은 여성의 손에 도쿠가와 시대 역사서가 들려 있고, 무라카미 하루키村上春樹뿐만 아니라 나쓰메 소세키夏目漱石도 베스트셀러가 되며, 중년 남성들의 술집 대화에서 메이지유신 지도자 이름쯤은 아무렇지도 않게 튀어나오고, 학교에서 한국 침략의 원흉으로서의 이토 히로부미만이 아니라, 그런 자가 어떻게 근대 일본의 헌법과 정당정치의 아버지로 평가되는지, 그 불편함과 복잡성에 대해 파헤치는 그런 한국을, 일본은 정말 두려워할 것이다.

화풀이만으로는 일본을 이길 수 없다. 물론 화가 나니 화도

풀어야 한다. 그러나 정말 극일하고 싶은 마음이 간절하다면, 일본에 대한 우리 사회의 공부와 식견이 좀 더 높아져야 한다. 여기에는 왕도가 없다. 돋보기 들고 차근차근, 엉덩이 붙이고 끈덕지게 공부 또 공부하는 수밖에 없다. 세계인 모두가 일본을 존경해도 우리는 그럴 수 없다. 동시에 세계인 모두가 일본을 무시해도 우리만은 무시해선 안 된다.

무엇을 위한 반일인가

'가장 유명하나 완전히 잊힌 인물', 나는 이승만이 한국인에게 이런 존재라고 생각한다. 이승만이라는 이름을 모르는 한국 사람은 거의 없을 것이다. 그러나 그가 초대 대통령 하다 부정선거로 하야했다는 것 말고 그에 대해 더 알고 있는 사람도 많지는 않을 것이다. 나도 그랬다. 불명예스럽게 퇴장했고, 그의 정적들이 곧바로 집권했으며, 뒤이은 박정희 정권도 그를 '띄울' 이유는 딱히 없었기 때문이었을 것이다.

사회인들을 상대로 한일 근대사에서 이승만이 한 역할에 대해 강연할 기회가 있었는데, 그가 20대 때인 1899년 투옥되어 5년 7개월간 감옥 생활을 한 일에 대해 알고 있는 청중이 거의 없었다. 만민공동회에서 고종 정부를 신랄하게 비판하고 고종 폐위 음모에 가담했다는 혐의였다. 어떤 분은 "그렇게 옛날 사람이었나?"라며 놀라기도 했다. 1875년생이다. 김구, 안창호, 안중근이 비슷한 시기에 태어났다.

그러고 보면 1870년대는 훗날 한국의 민족주의와 민주주의를 수준 높게 건설해간 인물들이 무더기로 태어난 시기다. 그들의 선배들이 이끈 갑오개혁은 파격적인 근대화 정책으로 방향은 옳게 잡았으나, 청일전쟁의 와중이기도 해서 일본의 영향력하에 있었다. 그에 비해 이 '1870년대생' 젊은 활동가들은 독립협회와 만민공동회를 통해 근대와 자주라는 시대적 방향을 제대로 체현한 세대로 주목해야 한다. 대한민국의 정신사에서 최양질最良質의 자산은 거의 이들에게서 발원했다.

최근 이승만이 쓴 《일본의 가면을 벗긴다Japan Inside Out》를 읽었다. 이 책은 진주만 기습(1941년 12월)으로 태평양전쟁이 시작되기 불과 넉 달 전에 출판되었다. 태평양전쟁을 예견한 이 책은 순식간에 베스트셀러가 되었고, 그는 워싱턴에서 일약 유명인사가 되었다. 소설 《대지》의 작가 펄 벅Pearl Buck 여사는 서평에서 "이것은 무서운 책이다. …… 나는 이 박사가 미국 사람들이 거의 알지 못하고 있는 사실, 즉 미국이 1905년에 조미朝美수호통상조약(1882년)을 수치스럽게 파기했고, 그로 인하여 일본이 한국을 집어삼키도록 허용했다고 말해준 것을 기쁘게 생각한다"고 썼다.

나는 이 책을 읽으면서 이제야 읽은 걸 반성했다. 이것은 대학의 일본 근대사 수업에 그대로 교재로 써도 될 만큼 수준 높은 저작이다. 미국의 당국자와 시민들에게 일본의 침략 야욕을 강렬하게 경고하면서 때로는 어조에 감정이 실리기도 하지만, 그 주장의 근거는 언제나 탄탄하다. 대략 1939년부터 2년간 집필했다고 하는데 빈한한 망명객이 어디서 이런 자료를 모을 여유가 있었는지 의아했다. 그러다 최근의 연구들로 의문이 풀렸다(김정민의 〈이승만의 신문 스크랩을 통해 본 Japan Inside Out의 국제정치사〉, 김명섭의 〈위싱턴회의 시기 이승만의 외교 활동과 신문 스크랩, 1921-1922년〉). 그는 신문 스크랩광이었던 것이다. 그는 식사 비용까지 꼼꼼히 적어놓을 정도의 메모광이기도 했지만, 다년간에 걸친 신문 스크랩에 대한 집착도 타의 추종을 불허할 정도였다. 그의 피가 조금만 덜 뜨거웠다면 혁명가가 아니라 학자로서도 크게 성공했을 것이다.

그는 개항 이후 한동안은 일본이 "한국 개화파의 친구"였다고 인정한다(30쪽). 사실 이런 인식은 김구의 《백범일지》에도, 안중근의 《동양평화론》에도 나온다. 그러므로 개항 이후 한국 근대사의 좌절을 모두 일본 탓으로 돌리는 '일본 환원주의'는 수정되어야 한다. 당시를 살았던, 최고의 '반일투사'들이 한결같이 이런 얘기를 하고 있기 때문이다. 이승만은 그런 일본이 을사보호조약으로 한국 개화파들을 배신한 것을 시종일관 규탄하고, 미국이 그런 일본과 가쓰라-태프트 밀약을 맺어 조미수호조약에서 한국에 무슨 일이 생길 때에는 중재권을 행사하겠다use its good offices고 했던 약속을 헌신짝처럼 버린 것을 집요하게 질타한다. 앞에서 말한 펄 벅 여사도 그 점에 반응했던 것이다.

이 책에서 또 하나 주목해야 할 점은 드넓은 국제정치적 시야다. 특히 이 점에 관해서는 일본 근대사 전문가인 내가 그동안 읽은 어느 책보다 훌륭하다. 도대체 세계가 어떻게 돌아가고 있는지, 일본의 대륙 팽창이란 게 전 세계적인 측면에서 어떤 의미를 갖는 행위인지, 그리고 그것이 태평양을 사이에 두고 마주하고 있는 미국에 장차 어떤 영향을 미칠 것인지, 그런 거대하고 장기적인 시야에서 한국 독립이란 게 어떤 인류사적 의미가 있는지를 웅장한 어조로 갈파한다. 포효에 가깝다. 아마도 그 어떤 한국인의 주장보다 국제사회 설득에 효과가 있었을 것이다. 21세기 또다시 불끈거리는 지정학의 한복판에 서 있는 한국인들이 가져야 할 안목과 취향과 자세가 이 책에 있다.

군데군데 보이는 날카로운 지적도 주목할 만하다. 그는 일본의 중국 침략이 반드시 실패할 이유로 두 가지를 들고 있는데, 하나는 일본 군국주의자들이 "잠재해 있다가 이제 깨어나고 있는 중국인들의 애국정신을 정확하게 평가하지 못했다는 것"이다. 모두가 일본군 앞에서 저항 한번 못 하고 흩어지는 중국인들을 조롱하는 분위기에서 이승만은 중국 내셔널리즘의 발흥을 꿰뚫어 보고 있다. 또 하나는 일본이 한국병합 때처럼 "인내심을 가지고 완만하고 은밀한 과정"을 거치지 않고, 중국에 있는 서구 열강의 이권을 거칠게 침탈하고 있어 둘 사이의 대립이 초래될 것이라는 점이다. 그러면서 그는 한국 병합 당시 일본 지도층의 노회한 전략에 비해, 한없이 어설픈 군국주의자들의 전략을 비웃고 있다(58~9쪽).

이승만은 이 책에서 격렬한 반일 민족주의자로서의 면모를 유감없이 발휘하지만, 그저 일본이라서 증오하는 것은 아니다. 당시의 일본이 자유와 민주, 인권과 평화에 위배되는 행위를 하고 있기 때문에 비판하는 것이다. 그가 '반일'을 통해 추구하려 했던 것은 자유와 민주였다. '반일'을 통해 전체주의나 공산주의로 가는 것은 그가 한사코 저지하고자 했던 길이다. '반일'이 중요한 게 아니라 '무엇을 하려고 하는 반일인가'가 중요하다. 최대의 '반일' 국가는 북한이지만, 이승만도 우리도 '반일'을 통해 그리로 가고 싶지는 않기 때문이다.

일본을 경시하는 맨 마지막 나라가 되어야 한다

"악화 일로를 걷고 있는 한일 관계를 어떤 방식으로 해결할 수 있을지 의견을 주세요"라는 신문사 요청을 받은 적이 있었다. 그러나 '해결 방식'에 대해서는 이미 수많은 전문가들이 다양한 안을 내놓아왔고 새삼 거기에 더 얹을 말은 없었다. 왜냐하면 당시의 한일 관계 교착은 '해결 방식'을 몰라서가 아니라 '해결할 의지'가 없어서이기 때문이다. 양국 정부와 대중 모두 마찬가지다. 아베 정부는 한국과의 마찰이 그리 싫지 않은 표정이었다. 지지율에 도움이 되면 됐지 마이너스는 안 되기 때문이다. 그 배경에는 이제껏 본 적이 없는 일본 대중들의 반한 감정 표출이 있다. '한국 때리기'는 시청률 상승으로 직결된다. 어중이떠중이가 나와 말도 안 되는 논리로 연일 한국을 비판한다. 주한 일본 대사였던 한 인사는《한국에 안 태어나서 다행이다》라는 혐한 책으로 재미를 보더니 연신 미디어에 나와 한국을 매도한다. 명색이 일국의 대사였던 사람의 모습에 많이 당황했다.

그럼 한국은 의지가 있는가. 유학을 마치고 한국에서 살아온 지난 20여 년 동안 한국 정부의 대일 정책은 대체로 우리 일본 전문가들의 의견에서 크게 벗어나지 않았다. 물론 이명박 대통령의 독도 상륙처럼 일본 전문가들도 모르는 사이에 벌어진 정치 쇼도 있었다. 그러나 몇 개의 예외를 제외하면 내 주변 일본 전문가들이 얘기하고 토론하던 방향이 곧 정부 방침으로 나타났다. 나야 역사학자이니 그럴 기회가 없지만 일본 정치·경제·안보 등을 연구하는 전문가들이 수시로 정부 부처를 드나들고 어떤 경우에는 청와대도 출입하며 대일 정책을 조언했고 정부도 이를 존중했다. 그런데 문재인 정부 들어서 내 주변 일본 전문가들이 갑자기 한가해졌다. 외교부도 청와대도 그들의 의견에 관심이 없는 듯했다. 그들이 미디어에 입이 닳도록 제시하는 '해결 방식'은 인터넷상에서 죽창에 매달려 효수되곤 한다. 일본 문제에 일본 전문가의 의견이 필요없다면 그들을 왜 양성한 것이며 한국의 일본학은 왜 필요한 것인가.

아니나 다를까, 최근 일본을 연구해서 뭐 하느냐는 의견이 고개를 들고 있다. 우려했던 대로다. 어떤 교수라는 사람은 전국 대학에 일본연구소가 너무 많다며 폐지를 주장하기도 했다. 이런 사람들은 일본은 더 이상 선진국이 아니며 이미 맛이 간 나라라고 외친다. 특히 코로나 사태에서 보인 일본 정부의 아날로그적인 대처를 대서특필한다. 아닌 게 아니라 긴급한 사안 처리에 아직도 팩스를 이용한다든가, 도장이 안 찍혀 있어 일 처리가 안 된다든가 하는, '디지털 한국'으로서는 이해할 수 없는 일들이 태연히 벌어진다. 그러나 그런 것들을 일본의 일부 치부로 바라보는 게 아니라 일본 전체의 경쟁력인 양 써댄다. 큰코다칠 일이다.

그들은 곧잘 미국의 시각에서 일본을 본다. 미국에게 일본은 우리에게만큼 중요한 나라는 아니다. 그러나 미국은 한국처럼 일본을 경시하지는 않는다. 중국은 20세기에 일본과 14년간에 걸쳐 전쟁을 벌였고 그 과정에서 수백만 명이 죽어나갔으며 자국의 수도 한복판(당시 중화민국의 수도는 난징이었다)에서 일본군에 의한 학살을 경험한 나라다. 일본제국주의에 대한 적개심은 우리보다 더하면 더했지 덜하지 않을 것이다. 그러나 그들은 천황을 군이 일왕이라고 부르지 않으며, 욱일기를 매단 자위대 함대 입항을 취소하지도 않는다. 일본은 이미 맛이 간 나라라는 만용도 부리지 않고 오히려 일본을 또 연구하고 또 관찰한다. 저 큰 나라가 일본에 대한 경계심을 조금도 늦추지 않고 있다. 그들이 신친일파거나 토착왜구라서 그런 게 아니다. 두 번 다시 당하지 않기 위해서다.

1910년 조선이 망한 것은 반일 감정이 모자라서가 아니다. 일본을 증오하고 규탄하는 사람들은 전국에 넘쳐흘렀고, 일본을 깔보고 멸시하는 사람들도 사방에 빽빽했다. 모자랐던 것은 메이지유신 이후 40여 년간 일본이 어떻게 변해왔는지, 그게 우리의 운명에 무엇을 의미하는지 제대로 파악한 사람이었다. 해방 후 지금만큼 한일 간의 국력 차가 좁혀진 적은 없었다. 그러나 섣불리 우쭐거리는 것은 독약이다. 장차 우리가 일본을 정말 앞서는 날이 와도 우리는 일본을 경시하는 맨 마지막 나라가 되어야 한다. 일본은 정말 경계해야 할 상대이기 때문이다.

'노 재팬'에서 일본의 몰락으로?

일본 여행 붐이 가히 폭발적이다. 한 업체가 2022년 11월 팬데믹 이전에 비해 항공권 판매가 많이 늘어난 지역 랭킹을 조사했더니 오사카·삿포로·후쿠오카·도쿄·오키나와로, 1위에서 5위까지가 모두 일본이고, 일본을 찾는 외국인 중 대략 3분의 1은 한국인이라 한다. '노 재팬No Japan'을 외치며 한국인 사장과 종업원이 일하는 이자카야에 가는 것도 뭐라고 하던 때가 엊그제 같은데, 정말 '다이내믹 코리아'다. 그때 앞장서 '일본 보이콧!' 하던 사람들 중에, 일본 여행 규제가 풀리자맨 앞에서 일본행 티켓을 끊은 분들도 있을 것이다. 뭐 다 옛날 일이니 딱히 뭐라 하는 건 아니다. 내가 이상하게 생각하는 건, 이런 폭발적인 일본 여행 붐을, 그 보이콧의 시각에서 비판하는 소리를 거의 들을 수 없다는 점이다. 보이콧 운동의 불씨로 삼았던 문제들 중 해결된 것은 아무것도 없다. 달라진 것은 엔화가 엄청 싸졌다는 것뿐이다.

나는 대일 보이콧 운동이 한국 정도 되는 국가가 선택할 수단이 아니고, 효과도 기대할 수 없다고 생각했기에 찬성하지 않았다. 그러니 지금 일본에 가지 말고 보이콧 정신을 되살리자고 말하려는 게 아니다. 다만 그 요란했던 보이콧 운동은 어딜 가고, 빗장이 풀리자마자 '나 빼고 다 일본 여행 가더라'는 현상이 생긴 것에, 왜 아무도 의문을 제기하지 않는지 궁금할 뿐이다. 하긴 분위기 타면 한번 질러보고, 분위기 바뀌면 쌩 돌아서도 누가 뭐라는 사람 없으니, 그쪽이 잘 사는 것일지 모르겠다.

일본 정부가 2027회계연도 방위 관련 예산을 국내총생산(GDP)의 2퍼센트로 늘린다고 한다. GDP의 2퍼센트는 11조 엔(약 106조 원) 규모로 2022년 방위비(5조 3687억 엔)의 약 2배다. 기시다 총리는 상대방의 공격을 단념시키는 '반격 능력 확보'를 공공연히 입에 담았다. 일본이 전후 80년 가까이 평화헌법 체제하에서 적어도 군사 분야에서만큼은 살얼음판 걷듯 조심해온 사실을 아는 사람에게 이 뉴스는 충격적이다.

조선이 거의 비무장에 가까운 나라였던 데 반해, 도쿠가와 시대 일본은 인구의 5퍼센트가 상시 무장을 하고 있던 국가였다. 이 상태는 1876년 메이지 정부가 폐도령廢刀令을 내릴 때까지 지속되었으니, 아마도 일본은 전 세계에서 가장 늦게까지 지배층에게 상시 무장을 허용했던 나라일 것이다. 이러니 일본은 '무위武威의 나라'라는 걸 자기정체성으로 삼았다. 그에 비해 조선과 중국은 '긴소매의 나라長袖國'라고 비꼬았다. 이 두 나라의 지배층이 긴 도포자락을 휘날리며 전투와는 거리가 먼 존재들임을 꼬집은 것이다. 일본이 볼 때 조선·중국을 무찌르는 것은 '마른 나뭇가지를 꺾는 것'보다 쉬운 일이었다.

맥아더의 미 군정은 이런 나라에서 군대를 빼앗아버렸다. 군대와 전쟁을 포기하게 한 평화헌법 9조다. 일본인의 정체성 중 하나였던 '무위'가 사라진 것이다. 평화헌법이 일본인의 이성으로 유지되어왔다면, 기시다 내각의 군비 증강은 일본인의 감성을 찌른다. 한국의 매스미디어가 입버릇처럼 말하듯 일본이 군국주의로 회귀하려 한다고 말하려는 게 아니다. 미국의 힘이 엄존하고, 전후 민주주의를 지탱해온 유권자들이 있는 한 불가능할 것이다. 말하고 싶은 것은 일본을 무장 해제시켰던 미국이 일본이 군사비를 배로 올린다고 해도 반기는 눈치고, 총리가 적국의 기지를 타격할 수 있다고 한 그 적국이 북한이 될 수도 있는 이 엄청난 변화에 어떻게 대처해나갈 것인가다.

보이콧 운동이 시들해지더니 최근 일본의 '몰락'을 말하는 이들이 늘고 있다. 미국도, 중국도, 유럽도 그렇게 얘기하지 않는데, 우리 유튜브를 보면 일본은 곧 망할 나라다. 내가 보기에 일본은 '쇠퇴'는 해도 '몰락'할지는 모르겠다. 쇠퇴와 몰락의 차이를 모르겠다면 더 할 말 없다.

고대 일본 속의 한민족사를 찾아서

방학이 되면 곧잘 벌어지는 것이 '고대 일본 속의 한민족사를 찾아서' 같은 종류의 답사나 여행들이다. 그것도 우리나라 굴지의 단체가 기획하고 지도급 인사들이 참여하는 경우가 많다. 그 자체로는 지적으로 흥미로운 기획이다. 그 옛날 반도에 살던 주민들이 무슨 연유로 그 먼 곳까지 갔는지, 그들은 열도의 주민들과 어떤 식으로 관계를 맺고 삶의 터전을 일구어냈는지, 그들이 지니고 왔을 우수한 문물들은 열도 주민들에게 어떤 영향을 끼쳤는지 탐구할 거리가 널려 있다.

그러나 그런 답사들의 목적은 대부분 이런 지적 관심보다는 고대에 '한국'이 '일본'보다 얼마나 우월했는지, 선진 문명을 전해주며 얼마나 큰 은혜를 베풀었는지를 확인하는 것에 맞춰져 있다. 참가한 사람들은 대체로 유적이나 문화재 앞에 서서 "아, 이게 다 '한국'이 '일본'에 전해준 거구나" 하며 가슴 벅차하다가 곧바로 "그러니 '일본' 너희들이 아무리 까불어대도 너희들은 다 우리 학생이야. 고얀 것들, 선생님 대접을 이렇게 해?" 하며 돌아선다.

중국에서 들어온 고대의 선진 문물이 반도를 통해 열도로 들어간 건 맞다. 일본 학계에서도 그들을 '도래인渡來人'이라고 부르며 기꺼이 인정한다. 기원전 3세기경부터 벼농사와 철기를 알고 있었던 사람들이 현해탄을 건너갔다. 이들이 열도에 야요이彌生 시대를 열었다. 그 후로도 신라가 반도를 통일할 때까지 많은 사람들이 바다를 건넜다. 이 과정에서 불교, 한자,《논어論語》, 건축 기술, 직조 기술 등 고대국가의 기틀이 되는 문물이 전해졌다.

그래서 지금도 일본을 여행하다 보면 백제, 신라, 고려(고구려)라는 말이 붙은 지명, 인명, 절, 신사, 예술 작품을 자주 만나게 된다. 일본 제일의 조각품이라는 백제관음상百濟觀音像, 사이타마현의 유서 깊은 신사인 고려신사高麗神社나 신라명신新羅明神 등은 모르는 일본인이 드물 정도다. 일본 메이지유신을 일으킨 사쓰마번의 수도 가고시마에는 고려교高麗橋가 있다. 메이지유신 삼걸에 들어가는 오쿠보 도시미치와 사이고 다카모리가 자란 동네다.

일본에서 이런 이름들을 만나면 나도 반갑고 어깨가 펴지는 느낌이 든다. 그러면서 동행한 일본인의 반응을 기대 섞어 살피게 된다. 그러나 대부분 별 무반응이다. "아, 이게 옛날에 '한국'하고 관련이 있었나 보네요"라고 슬쩍 건드리면 그제야 "아, 그렇겠네요, 하하" 하고 만다. 김빠진다. 그러나 곰곰 생각해보면 어쩌면 당연한 일이다. 그것들은 죄다 길게는 2000년, 짧아도 1300여 년 전에 이미 일본에 정착한 것들이다. 그걸 새삼 '이건 한국 건데' 하니 저런 반응을 보이는 것도 무리는 아닐 것이다. 그에게 그것들은 그냥 일본 지명이고 일본 문화재일 뿐이다.

이렇게 한번 생각해보자. 우리 인명이나 지명은 어떤가. 을지문덕, 연개소문, 계백 같은 이상한(?) 이름은 우리 주위에 더 이상 없다. 모두 김춘추, 김유신 같은 스타일의 이름들이다. 어느 시점엔가 반도에 사는 사람들이 대륙식 성명을 갖기 시작했을 것이고 그게 오늘날에까지 이어져 있다. 요즘 영어 이름이나 상표가 더 멋있어 보이듯이 그때는 대륙식 이름들이 폼 나 보였을 것이다. 그런데 어느 날 명동을 찾은 중국인이 "한국 사람 이름은 우리랑 같네" 하며 동포(?) 취급을 한다면 우리는 얼마나 황당할까. '이미 1500년 동안 써온 성을 갑자기 중국 거라 하니, 나 참…… 에이, 이 성을 갈 놈들!' 우동은 이미 한국말이지 일본말이 아니며, 기무치는 일본말이지 더 이상 한국말이 아니다.

고대사는 민족주의라는 특수한 지적 도구나, 민족 감정이라는 역사적으로도 특이한 감정으로 대하기에는 지금과 너무나 이질적인 세계다. 거기에 민족주의를 들이대는 순간 고대인들의 생각, 표정, 가치관, 삶 등은 손아귀에서 모래알 빠지듯 사라지고, 현재 우리의 알량한 복사판들만 남는다. 좀 어려운 말로 이걸 '고대사의 민족주의적 전유'라고 할 수 있을 것이다. 고대사의 실체를 허심하게 대하는 게 아니라 우리 입맛대로 만들려고 한다는 것이다(이성시,《만들어진 고대》). 그것이 어떤 목적을 달성할 수 있건, 이런 시도는 역사가 우리에게 주는 많은 지적 자산과 지혜를 잃어버리게 만든다.

우리가 열도의 반도 관련 유적 앞에서 확인해야 할 것은 '민족'이 아니라, 거꾸로 '민족'(이것이 근대에 형성된 개념과 용어임을 다시 한번 상기하자)이라는 것을 모르고도 교류하고 자부심을 유지하고 억척스레 땅을 갈아 훌륭한 삶을 영위한 사람들이, 또 그런 시대가 있었다는 바로 그 점이다. 우리가 영원불변의 가치라고 믿는 '민족'이 고대인들의 눈에는, 아마 미래에 살 사람들의 눈에도 특이하게 보일 수 있다는 그 통찰 말이다.

문명 교류는 흐르는 것이다. 거기에는 국경도 민족도 없다. 오직 높은 곳에서 낮은 곳으로 흐를 뿐이다. 대륙이라는 큰 문명의 샘에서 사방으로 흘러간 것이다. 때마침 반도는 대륙에 가까웠고 열도는 멀었다. 반도는 문명 교류의 강줄기에 기꺼이 길을 내주었다. 그뿐이다. 이런 태도가 더 멋지지 않은가! 그래야 혹시 어느 날 중국인들이 '한국 속 중국 문화의 흔적을 찾아서'란 답사 여행을 만든다 해도 쿨하게 대응할 수 있지 않을까.

연금술은 우리의 적

예전에 낙랑군의 위치를 둘러싸고 사이비 역사학이 극성일 때 어느 국회의원이 우리나라 역사를 위해서는 낙랑군이 요동에 있었다고 주장해야 하는 것 아니냐고 했단다. 최고最古 금속활자로 기대(?)를 모았지만 학술적으로 아직 확인이 안 된 증도가자證道歌字를 놓고도 모 의원이 "국익 차원에서는 당연히 우리가 (진짜라고) 주장해야 하는 것 아니냐"고 했단다. 우리끼리 쉬쉬하며 최고 문화유산을 양산해낸다고 무슨 국익이 된다는 걸까. 그러고 보니 황우석 사태 때도 국익을 위해서는 그냥 덮고 넘어가야지 그걸 우리끼리 폭로하냐며 아쉬워하는 사람들이 있었다.

1935년 제국일본 의회에서 희한한 일이 벌어졌다. 이른바 '국체명징國體明徵'(국가의 정체성을 밝힌다) 운동이다. 국익을 최우선으로 한다는 명분하에 국가와 천황에 대한 광적인 숭배 열기가 일었다. 도쿄제대 법학부 헌법학 교수 미노베 다쓰키치美濃部達吉의 저서 《헌법강화憲法講話》에 대한 공격이 시작되었다.

미노베는 이 책에서 천황의 지위는 국가의 최고 기관이라고 했다. 가장 높기는 하지만 어디까지나 일본이라는 국가의 일부분이라는 것이다. 누가 봐도 이상할 게 없는 주장이었다. 이 책은 1912년에 이미 출판되어 정부와 사법부가 공인하는 통설의 지위를 누려왔다. 1935년 당시 일본 사회 엘리트들은 대개 이 책으로 헌법 공부를 해왔다.

그런데 돌연 '국익'을 부르짖는 일부 의원들이 천황은 국가를 초월하는 존재이지 국가의 한 기관이 아니라는 해괴한 논리로 멀쩡한 학자를 공격한 것이다(이때 미노베는 학문적 업적을 인정받아 상원에 해당하는 귀족원 의원이 되어 있었다). 그들은 미노베를 '반역 사상가', '모반인', '학비學匪'(공비共匪는 들어봤지만 학비는……)라고 매도했다. 기가 막힌 미노베는 의회 연단에서 논박했지만 이미 말이 통하지 않는 상태. 광풍을 견디지 못하고 의원을 사직했고, 테러까지 당했다. 그렇다고 미노베가 대단히 진보적인 학자인 것도 아니다. 그는 패전 후 맥아더 헌법을 비판하고 메이지 헌법 유지를 주장했던 사람이다.

또 한 사람이 희생됐다. 와세다대학교의 역사학자 쓰다 소우키치津田左右吉. 그 역시 천황과 일본의 전통문화에 애착이 깊은 매우 보수적인 사람이었다. 1939년 그가 고대 일본의 위인인 쇼토쿠聖德 태자가 실제로 존재했는지에 대해 의문을 제기했다고 하여 공격이 시작되었다. 반박할 틈도 없이 저서들은 판매 금지됐고, 대학에서도 쫓겨났다.

1920년대 세계 5강을 구가하며 잘나가던 일본이 1930년대 이후 흉악한 몰골이 된 것은 이와 같은 일들 때문이다. 과대망상, 이게 제국일본을 무너뜨렸다. 사회의 어떤 부분에 성역을 두고 그에 대한 합리적 논의를 봉쇄하기, 큰 목소리로 논리와 팩트fact를 깔아뭉개기, 자기 역사와 사회를 무조건 찬양하기, 이런 일들이 공공연하게 벌어지고 있다면 그 사회는 수명이 얼마 남지 않았음을 경계해야 한다.

일제 치하 조선 민족의 위대성을 강조하기 위해 논리와 팩트에 기반하지 않은 주장을 하는 사람에 대해 작가 상허 이태준은 일갈했다고 한다. "주기율표(화학에서 중시하는 원소 배열표)대로 하라. 연금술은 반대한다." 역사를 논할 때 입으로는 논리와 팩트를 말하지만, 사실은 연금술을 부리려는 사람들을 가려내야 한다. 조선 민족의 위대성을 이태준인들 소리쳐 외치고 싶지 않았겠는가. 그러나 차근차근 주기율표대로 하지 않고 연금술을 부려 '민족의 위대성'을 만들어낸다면 그건 환상에 불과하며, 결국 독립은커녕 우리를 더더욱 열등 민족으로 내몰 것이라는 차가운 사실을 상허는 내뱉고 있는 것이다.

그런데 연금술은 뚝딱하고 주장하기 쉽지만 논리와 팩트에 기초한 주장을 하는 데에는 품이 많이 든다. 왜냐하면 논리와 팩트에 하자가 있을 경우 그 사람의 신뢰성이 떨어지므로 거듭거듭, 단단히 준비해야 하기 때문이다. 어느 뉴스 프로그램에 '팩트 체크' 코너가 생겨난 것은 반가운 일이나 아직도 우리 사회에서는 목소리 큰 사람(언론 플레이 잘하는 사람)이 행세하곤 한다.

시간과 노력을 들여 단단한 논리와 팩트로 무장한 사람일지라도 큰 목소리 한 방에 묻혀버린다. 큰 목소리가 가짜란 게 드러나도 더 큰 소리를 내면 상관없다. 이런 판국에 누가 논리와 팩트에 공을 들이겠는가. '아니면 말고'는 퇴장해야 한다.

예술이나 신앙에서는 연금술이 있을 수 있다. 그러나 유감스럽게도 현실에서는 아니다. 역사는 과거의 현실에 맞닥뜨려 살아온 사람들의 이야기이며, 그걸 대하는 우리의 역사 인식은 현재와 미래의 현실에 중차대한 영향을 미친다.

제국일본은 키 작은 청년 히로히토裕仁를 '살아 있는 신現人神'으로 만들었고, 주체조선은 어디서 갑자기 우주 도시 같은 '단군릉'을 창조해냈다. 둘 다 연금술이었다. 그 둘의 말로와 현실을 보라. 우리의 국시는 논리와 팩트여야 한다. 그래서 우리는 저 둘과 다른 사회인 것이다. 우리를 저 둘처럼 만들려는 연금술사를 경계하자.

혹시 '한국제국주의'를 원했던 건가

한국인들(남북한)은 너나없이 제국주의 비판에 열을 올린다. 지위고하, 남녀노소를 불문하고 미제美帝 욕을 해대는 북한 사람들은 말할 것도 없지만, 남한 사람들도 그에 못지않다. 대신 미제가 아니라 일제日帝다. 북한만큼은 아니지만 여기도 이견을 내기 어려울 정도로 이 문제만큼은 총화단결이다.

이런 시각에서 보면 한국 근대사는 처음부터 끝까지 일본 제국주의의 침략과 음모의 산물이고, 메이지 정권 수립(1868년) 당시에는 일개 약소 농업국에 불과하여 제국주의를 하고 싶어도 할 능력이 없었던 일본은 이미 이때부터 '일제'다. '일제'는 강화도조약(1876년)부터 한국병합(1910년)에 이르기까지 한반도 침략을 치밀하게 기획하여 결국 실현해냈다는 것이다. 내가 볼 때 이런 시각은 일본을 너무 과대평가한 것이다. 격변의 40년 동안 일관되게 대외 방침을 유지하고 부동의 실천력으로 다른 나라를 집어삼켰으니, 이런 대단한 능력의 소유자가 어디 있단 말인가.

그러나 사실을 말하자면 강화도조약 당시 일본은 정한론을 주장하던 국내의 반정부파에 빌미를 주지 않으려 어떻게든 조약을 성사시키려고 허둥댔고, 조선의 외교 관료들은 무능했다고만은 매도할 수 없는 교섭력을 보여줬다. 강화도조약의 내용도 우리가 알고 있는 것처럼 불평등하지만은 않았다(서울대 김종학 교수 등의 설). 이때부터 적어도 청일전쟁까지 일본은 능수능란하게 한국병합을 착착 추진한 것이 아니라 갈팡질팡, 우왕좌왕했다. '일제'를 규탄하려다 본의 아니게 일본을 '무소불위의 능력자'로 만드는 이런 시각은 자연스레 당시 한국인들의 대응을 '예정된 실패'로 왜소화시켜버린다. 침략에 대한 일본의 '능력'을 과대평가하다가 스스로를 무능력자로 만든 것이다. 여기서 우리가 얻을 수 있는 것은 민족적 자긍심이 아니라 패배주의와 콤플렉스다.

패배주의와 콤플렉스는 희한한 현상을 유발한다. 제국주의라면 핏대부터 올리는 사람이 '대쥬신제국大朝鮮帝國' 운운하며 한국사에 제국을 만들지 못해 안달한다. 이들이 날조한 '조선제국'은 산둥반도 백제 진출설, 일본열도 삼한 진출설을 넘어

이따금 중앙아시아로도, 심지어는 동유럽으로도 확장한다. 이런 사이비 역사학은 조소와 함께 비교적 쉽게 치지도외置之度外할 수 있다. 문제는 알게 모르게 우리 사이에 폭넓게 잠재되어 있는 '제국에 대한 은밀한 욕망'이다. 오래전 페이스북에 쓴 적이 있지만 과거 국립중앙박물관에서 개최된 고려 관련 전시는 고려가 가끔 자칭한 '황제국', '천자국'에 대해 과도하게 집착했다. 내가 볼 때 하나의 '소극笑劇'이었던 대한'제국' 수립에 지나친 의미를 부여하려는 심성도, 또 '만주 고토 회복' 운운에 대해 대중적 인기가 여전한 것도 한국인들이 제국·제국주의를 비판하면서 내심 그리 되고 싶은 욕망이 있는 게 아닌가 하는 의심을 갖게 만든다.

일본의 자유주의 정치가이자 언론인이었던 이시바시 단잔 石橋湛山은 "자고로 어떤 민족도 타 민족의 속국이 되는 것을 유쾌하게 생각할 민족은 없다"며, 일본이 식민지를 다 포기하고 무력이 아니라 무역으로 더 좋은 나라를 만들자고 주장했다. 일본제국주의는 이를 일축했다.

그런 일제는 패망했지만, 거기서 독립한 대한민국은 지난 80년간 눈물겨운 고투를 벌인 끝에, 이제는 좌우 진영을 불문하고 그 성취를 인정하는 나라가 되었다. 제국주의 시대의 용어를 빌리자면 한국이 그만 '열강列強'이 되어버린 것이다.

그럼 더 분발해서 '한국제국'이 되어야 할까? 대한민국은 제국주의와 식민 지배를 하지 않고도 '열강'과 선진국이 된 거의 유일한 나라다. 이시바시의 염원을 일본제국은 환상이라고 코웃음 쳤지만, 대한민국은 이를 현실로 만들었다. 한국 근대사가 위대한 점이 있다면 아마도 이것일 것이다.

5장

한국이 일본 밑에
있어야 한다는
묘한 심리

———— 일본 사람들, 특히 지식인들을 만나 얘기해보면 한국에 대한 묘
한, 그리고 복잡한 심사가 느껴질 때가 한두 번이 아니다. 한국이
일본보다 한참 뒤져 있을 때에는 다정한 어조로 한국의 분발을 격
려하지만 그 격차가 좁혀지거나 어느 한 분야에서라도 앞서는 조
짐이 보이면 당황하면서 좀처럼 그 사실을 인정하기 힘들어하는
것이다. 한국이 발전하는 것은 점잖은 지식인으로서 환영하지만
어디까지나 일본 밑에 있어야 한다는 묘한 심리가 있는 것 같다.

일본인의 '한국 콤플렉스(?)'

한류 초창기 욘사마 붐이 한창일 때 한 일본인 학자에게 슬며시 그에 대해 언급했더니, 그는 약간 불쾌한 표정을 지으며 내뱉듯이 한마디 했다. "어차피 아줌마들은 일본의 2류 시민이니까요." 평소 한국에 대해 얼마간 호의를 표하던 이 학자도 일본 여성이 한국 남자배우에게 열광하는 것이 영 자존심 상하는 눈치였다. 그는 평소 국제결혼에 국력이 미치는 영향을 논하면서 선진국의 남자가 후진국의 여자와 결혼하는 것이 통례라고 말했다. 그러면서 미국 남성과 일본 여성이 주로 결혼하고, 일본 남성과 한국 여성이 주로 결혼한다고 즐겨 이야기했다. 그것은 일반론으로서는 맞는 얘기이지만 한일 간에는 꼭 적용되지 않는 게 아닌가 하는 것이 당시 내 생각이었다. 정확한 통계는 갖고 있지 않으나 내가 접한 커플 중에는 한국 남성과 일본 여성으로 이뤄진 커플이 그 반대보다 많으면 많았지 적지 않았다. 그러나 그는 한사코 이를 인정하려 하지 않았다.

또 어떤 사람은 매출액에서 삼성전자가 소니를 앞섰다는 보도를 보고는 대단하다고 칭찬하면서 곧바로 "하지만 한국에는 삼성 하나지만 일본에는 소니가 여러 개 있지요"라고 덧붙이는 걸 잊지 않았다.

일본 사람들, 특히 지식인들을 만나 얘기해보면 한국에 대한 묘한, 그리고 복잡한 심사가 느껴질 때가 한두 번이 아니다. 한국이 일본보다 한참 뒤져 있을 때에는 다정한 어조로 한국의 분발을 격려하지만 그 격차가 좁혀지거나 어느 한 분야에서라도 앞서는 조짐이 보이면 당황하면서 좀처럼 그 사실을 인정하기 힘들어하는 것이다. 한국이 발전하는 것은 점잖은 지식인으로서 환영하지만 어디까지나 일본 밑에 있어야 한다는 묘한 심리가 있는 것 같다. 이런 심리야 어느 나라에나 있겠지만 일본인이 한국을 대하는 심정에는 좀 더 깊은 것이 잠복해 있는 듯하다.

조선이 스스로를 '동국東國', 또는 '동번東藩'이라고 하여 자국의 국제적 위치에 대해 지극히 현실적인 인식을 하고 있었던 것에 비해, 전근대 일본은 자국을 무리하게 세계의 주요 국가로 보려는 경향이 있었다. 도쿠가와 시대 이전에는 천축天

쓰(인도), 진단震檀(중국), 그리고 일본이 세계에 정립하고 있다고 여겼고, 도쿠가와 시대에 들어와서는 '일본형 화이질서華夷秩序'라고 할 만한, 현실적 근거가 없는 관념에 집착했다. 세계에 대한 정보가 많이 들어온 19세기 초에도 아이자와 야스시會澤安 같은 학자는 세계가 7대 강국으로 나뉘어 있다며 청, 러시아, 오스만튀르크 등과 함께 일본을 거기에 집어넣었다(아이자와 야스시,《신론新論》).

그러나 조금만 생각해보면 이것이 현실성 없는 공허한 자기과장이라는 것을 그들 스스로도 알 수 있었을 것이다. 특히 부정하려 해도 부정할 수 없는 것이 바로 옆에 있는 중국과 일본의 문화적, 영토적 격차였다. 이 공허함을 해소하기 위해서는 깨끗이 자신의 현실을 인정하면 좋았겠으나 일본의 지식인들은 1945년의 패망 때까지(어쩌면 지금도) '대국' 일본의 환상을 놓지 않으려 했다. 그때 이 공허함을 채워줄 수 있는 것이 조선의 존재였을 것이다.

일본이 근대적 국제 질서에 편입되어오면서 취한 조선에 대한 태도는 두 가지였다. 하나는 19세기 초중반까지 나타난 태도로 '조선 언급하지 않기'다. 이 시기에 쓰인 많은 세계지리서나 국제정세론에는 조선에 대한 언급이 아주 적다. 그 이유는 "조선은 소국이므로 논할 가치가 없다"는 것이다. 정말 조선은 소국일까. 냉정히 생각해보면 홋카이도와 오키나와 열도를 영유하기 이전인 당시의 일본국은 한반도보다 그리 넓지 않았다. 조선의 인구도 일본의 절반 정도는 되었을 것이다. 중국과 일본을 비교해보라. 또 아이자와 야스시가 7대 강국으로 뽑은 국가들과 일본을 비교해보라. 그 격차는 일본과 조선의 차이보다 현격하며, 아마도 일본은 조선과 같은 그룹에 들어가는 것이 합리적일 것이다. 즉 실제로 조선이 소국이라기보다는 '조선은, 아니 조선만은 소국이어야 한다'는 것이 진심에 가까웠을지 모른다.

근대에 와서는 반대로 소국 조선, 후진국 조선을 열심히 언급함으로써 일본의 높은 국제 서열을 입증받으려 했다. 식민지 조선을 후진 문명으로 모는 데 보인 지칠 줄 모르는 정열(!)은 이렇게 이해될 수 있을 것이다.

나는 오래전부터 한반도와 관련된 상황을 설명할 때 쓰는 용어 중 '주변 4대국'이라는 표현에 거부감을 느껴왔다. 과연 일본을 나머지 미국, 중국, 러시아와 동렬에 넣을 수 있느냐는 것이다. 이 용어야말로 위에서 말한 일본인이 꿈꿔온 환상에 딱 부합한다. 그래서 나는 이 표현이 혹 '일제日製'가 아닌가 하고 의심한다. 더구나 21세기에 들어와 일본의 정체와 중국의 급격한 부상으로 한반도에 대한 일본의 영향력이 급감한 지금에도 이 용어가 버젓이 통용되는 것은 이해하기 어렵다.

오래전 WBC 야구대회 한일전에서 한국 선수가 헬멧을 망

가뜨리면서까지 2루에 헤드 슬라이딩을 감행한 적이 있었다. 그걸 본 한 일본인 친구의 초등학생 아이가 자리에서 벌떡 일어나며 이렇게 외치더란다. "와, 한국 진짜 세다, 끝내준다! 韓国は強いよ、すげえ！"

한국이 그렇게 센 나라가 될 필요는 없겠지만 이 아이의 시대에는 '꼭 일본 밑에 있어줘야 하는 국가'라는 인식에서는 자유로워졌으면 한다. 일본 젊은이들이 한국 노래에 미쳐도, 한국 기업이 일본 기업보다 약진해도 마치 팝송이나 미국 기업을 대하는 것처럼 의연히 대하며 선의의 경쟁을 펼쳐주었으면 한다. 그것이 일본이 '한국 콤플렉스(?)'에서 벗어나 한 걸음 더 성숙해지는 길일 것이다. 물론 한국의 "'일본 콤플렉스'는?"이라고 누가 묻는다면 순간 말문이 막히겠지만.

점입가경, 일본의 혐한

일본의 혐한 풍조가 점입가경이다. 혐한이 하나의 풍조가 된 지 오래이지만, 한국 때리기가 '장사'가 되자 명색이 언론이라는 매체들까지 노골적으로 혐한 기사를 쏟아내고 있다. 우리 귀에도 익숙한 어느 종합 잡지는 한국에 대해 '격분과 배신'이라는 표현을 썼고, 또 다른 주간지는 분노를 억제하지 못하는 것이 한국인의 병리라는 내용의 기사까지 내보냈다.

이런 상황에 대해 일본의 대표적 언론 〈아사히신문朝日新聞〉이 2022년 1월 16일자에 '혐한과 미디어, 반감 부추기는 풍조를 우려한다'는 제목의 사설을 게재하며, 혐한 보도에 맹공을 퍼부었다. 〈아사히신문〉은 한국인을 싸잡아 '병리' 운운한 것은 민족차별이라며, 판매 촉진이나 시청률을 목적으로 이런 보도를 하는 것이 언론이라는 공기公器가 할 일인가라고 비판했다. 이 신문은 앞서 10일에도 '재일 한국인의 피해, 증오범죄를 용서하지 말자'는 사설을 실었다. 재일 한국인들의 집단 거주지에 대한 방화, 민단 건물 시설의 파손 등을 규탄하며 철저한 수사와 처벌을 촉구했다.

요즘 상황을 보면, 오랫동안 한국에 대한 여론을 주도하며 일본의 양식을 대변하던 〈아사히신문〉이 고립되는 모양새다. 그만큼 많은 일본인들이 혐한에 휩쓸려 들어가거나, 무관심한 채로 있다는 얘기다.

최근 기막힌 얘기를 들었다.

나는 몇 해 전부터 팀을 만들어 도쿠가와(에도) 시대에 관한 명저들을 번역하는 작업을 해왔다. 현대 일본을 이해하는 데 매우 중요한 도쿠가와 사회에 대한 우리 지식은 너무 부족하다. 그 가장 큰 이유는 교양 시민들이 이 시대에 접근할 수 있는 한글 책이 턱없이 모자라기 때문이다. 심지어 대학에서 일본사 수업에 쓸 교재조차 마땅치 않은 지경이다.

다행히 취지를 이해하고 지원을 자청한 독지가도 만나 의욕적으로 출발했다.《에도시대란 무엇인가》,《에도성江戸城》,《에도시대를 생각한다》등 학술적 교양서이면서도 일본에서 많은 독자를 확보해왔고, 우리 독자들에게도 일독을 권할 만한 책들을 선정하여 애써 번역을 마무리지었다. 물론 이런 책 출판에 선뜻 나서는 국내 출판사가 거의 없어 애를 먹었다. 그러나 다행히 '빈서재'라는 신생 출판사가 출혈을 각오하고 출판 결정을 내려주었다. 우리 독서시장에도 이제 '도쿠가와 시대 명저 시리즈' 정도의 책들이 나오겠구나! 뿌듯했다.

그런데 청천벽력! 몇몇 일본 출판사들이 한결같이 저작권 교섭에 난색을 표하거나 아예 회답을 안 하는 것이었다. 어떤 유명 출판사는 이미 고인이 된 저자의 부인이 한국 출판에 부정적이라는 이유를 댔다. 이해할 수 없는 일이라 사정을 물었더니 갑갑한 얘기를 들려줬다. 그 부인이 한글로 번역될 경우 '天皇'을 천황이라고 번역하는가, 일왕이라고 번역하는가 묻더라는 것이다. 그러고는 천황으로 번역할 경우 한국에서 큰 문제가 생겨 남편의 명예에 누가 될까 걱정된다고 했단다. 한국의 미디어에서는 일왕이란 말을 쓰지만, 그간 학계의 일본사 번역에서 天皇을 일왕으로 번역한 일은 거의 없었다(본서 6장 "천황인가, 일왕인가" 참조). 이 부인에게 한국은 북한쯤 되는 나라인 것이다. 내게는 일본의 험한 분위기를 상징하는 사건처럼 느껴졌다.

이 말도 안 되는 유가족의 오해를 설득하고 일을 진행시켜야 할 출판사는 이 부인의 말을 전하며 더 이상의 교섭을 회피하려 했고, 다른 출판사들도 교섭 메일에 회신조차 제대로 주지 않았다. 정치·외교적인 문제와는 아무런 관련도 없는 학술서를 이웃 나라의 믿을 만한 연구자들이 번역하겠다는데('번역해주겠다는데!'가 솔직한 심정), 이에 냉담한 일본의 유명 출판사들을 나는 지금도 납득할 수 없다. 부디 혐한이나 한일 관계, 뭐 이런 게 아니라 차라리 시장성이 없다든가 하는 다른 '장삿속' 때문이길 진심으로 바란다. 우리는 정말 이러지 말자.

불친절해진 일본인

"구리다…… 구려." 생맥주를 들이켜던 아들이 말했다. 장소는 도쿄 유라쿠초有樂町 야타이 거리. 우리로 치면 포장마차 타운이다. 가게 벽에 걸린 텔레비전을 보고 내뱉은 말이었다. "뭐가 구려?" "저 자막요, 아……." 어린놈이 한숨은. 예능 프로그램인 모양인데 주먹만 한 자막이 붉은 글씨로 떴다 사라졌다 했다. "저 옆에 저것들은 또 뭐예요?" 보니 밑에 자막만 있는 게 아니라 좌우측 상단에 프로그램과 출연자 이름 등도 덕지덕지 붙어 있다.

"아까 그거랑 똑같잖아요." "뭐랑?" 아키하바라와 이케부쿠로 애니메이션 거리를 둘러보고 온 참이었다. "그 건물들에 붙어 있는 간판들하고……." 그러고 보니 '빗쿠카메라ビックカメラ', '초특가!超特價!' 어쩌고 하는, 쌀가마니만 한 알록달록한

간판들하고 텔레비전 화면이 닮았다. 유년 시절 〈우주의 왕자 빠삐〉, 〈우주 소년 아톰〉, 〈바다의 왕자 마린 보이〉 같은 만화(물론 당시엔 일본 만화인 줄 몰랐다)를 보며 컸고, 우리 PD들이 일본 프로그램을 그대로 베낀다는 말을 수없이 듣고 살아온 나로서는 깊은 감회에 젖지 않을 수 없는 발언이었다.

아닌 게 아니라 요즘 도쿄에 가면 좀 낡았다는 느낌이 감히(?) 든다. 20여 년 전 도쿄 유학 시절 '넘사벽'으로 느껴졌던 지하철 마루노우치선丸の內線의 단아한 매력도 내 아이들에게는 전혀 매력적이지 않은 모양이었다. "저런 화면을 만드는 나라가 어떻게 안 망하고 있지?" 아들이 남은 생맥주를 비우더니 폭주했다. "으잉?" 얘도 요즘 유행하는 '일본 몰락' 운운하는 유튜브 채널 애청자인가? 나는 일본의 제조업 기술과 사회적 신뢰도, 교육 수준 등을 설명하며 그의 폭주에 브레이크를 걸었다. 다행히 고개를 끄덕거리는가 싶더니 잽싸게 고개를 돌려 "생맥 한 잔 더요"라고 한다. 넓은 야타이 타운 저쪽에서 종업원이 설렁설렁 다가왔다.

가장 많이 달라진 건 종업원들의 태도다. 다 알다시피 일본 하면 친절의 나라다. 한국 식당에 손님이 와도 그만, 안 와도 그만인 시선을 받으며 입장해서는, 왜 내 돈 내고 이런 대접을 받아야 하나 하는 기분으로 퇴장하는 일을 많이 겪어본 나에게 유학 시절 본 일본 종업원들의 친절함은 감동이었다. 그런데 시간이 지날수록 의심(?)이 생겼다. 손님을 대하는 그들의 음성 톤과 태도가 너무나 똑같았기 때문이다. 급기야 나는 '사이보그 친절'이라는 작명까지 했다. 그랬던 일본인들이 반갑게도(?) 많이 불친절해졌다.

야타이에서 서빙을 하던 20대 초반 종업원은 사케를 주문하자 "하이!"라는 말도 없이, 완전 무표정으로 대병을 들고 와 내 잔에 따라줬다. 잠시 후 한 잔 더 시키자 이번에는 다른 종업원이 심드렁하게 와서 따랐다. 잔을 가득 채워주지 않길래 "아까 그분은 채워줬는데……"라고 하자, 무려 레이저 눈빛을 발사했다. 일본에서 처음 맞아보는 레이저였다. 와우! 일본, 많이 변했구나. 맘은 살짝 상했지만 기분이 나쁘지만은 않았다. 사이보그 같은 느낌은 들지 않았기 때문이다. 나는 평소 그 넓은 도쿄 거리에 휴지 한 장 안 떨어져 있고, 종업원들 모두가 이렇게까지 하이톤으로 친절한 건 좀 이상하다고 생각하곤 했었다. 깨끗하고 친절한 걸 나무랄 수는 없으나 거기에도 정도가 있다. 친절도 하나의 규율이 되어 있다는 느낌이었다. 조금 풀어져도 될 텐데, 조금 더 아무렇게나 살아도 좋을 텐데 하는 생각이었는데, 이번에 일부나마 그 소망(?)을 이뤘다.

일본어를 곧잘 하는 고등학생 딸아이는 '나를 제발 놓아달라'며 이틀 저녁 연속 하라주쿠로 내뺐다. 전날 밤에는 애니메이선 거리에 넋을 놓더니, J패션에 "가와이이(귀여워)······"를 연발하며 제정신이 아니다. 다리도 아프던 차에 차라리 잘됐다는 표정을 교환하며, 우리 부부는 근처 깃사텐喫茶店(찻집)에 들어갔다. 60대 초반의 사장님이 나비넥타이까지 했으면 딱 어울릴 법한 복장으로 "하~~이" 하며 다가온다. 미소를 띤 채 극존칭을 써가며 부드러운 목소리로 주문을 받는다. 아직 남아 있구나.

일본인은 정말 전쟁을 아는가

저명한 일본사학자 나카무라 마사노리中村政則는 패전 후 일본을 이렇게 회상했다. "신주쿠에 있는 집으로 돌아왔는데, 주변은 불탄 벌판이었고 검붉게 그은 함석으로 만든 판잣집이 점점이 흩어져 있었다. 2~3킬로미터 떨어진 곳에 위치한 이세탄 백화점이 한눈에 들어왔다. (중략) 학교에 가보았더니 불타서 내려앉아 거무스름해진 주춧돌만 남아 있었다." 그는 '전쟁에 진다는 것이 이런 것인가'라고 생각했다고 한다(《일본 전후사 1945~2005》). 나는 이 글을 읽을 때 '아, 일본인의 전쟁 이미지는 역시 이런 것인가' 하는 이질감을 느꼈다.

직접 겪어보진 못했지만, 부모님이나 여기저기서 듣고 본 전쟁은 이렇게 한가한(?) 것이 아니었다. 적군이 눈앞에서 사람을 죽이고, 집 안으로 쳐들어올까 벌벌 떨고, 민간인끼리도 서로를 학살하고, 누가 우리 편인지, 적인지도 모르는 그런 것이다. 전쟁은 민간 생활에 깊숙이 침투해 참상을 빚어냈다. 한국전쟁에서는 죽음의 피란 행렬이 계속되었고, '낮에는 태극기, 밤에는 인공기'라는 말처럼, 일상생활에서도 서로가 서로를 의심하고 죽이는 상황이었다. 베트남전쟁에서도 적군이 섞여 있는 것으로 의심되는 마을에 대한 학살이 자행되었다. 중일전쟁도 마찬가지다.

그에 비해 근대 일본의 전쟁은 죄다 일본 밖에서 벌어진 일이다. 대만 침략(1874년), 청일전쟁, 러일전쟁(1904년), 시베리아 파병(1918년), 만주사변(1931년), 중일전쟁(1937년), 태평양전쟁(1941년), 모두 그렇다. 전투가 일본 내에서 벌어진 적이 없었기 때문에, 일본에 있던 민간인이 전쟁으로 죽는 일은 없었다. 전쟁은 국가의 일이었지, 나의 일은 아니었다. 이 때문에 정치사상가 하시카와 분조橋川文三는 "일본인은 그것(중일전쟁)을 전쟁이라고 생각하고 있었는가"라는 질문을 던졌던 것이다.

태평양전쟁의 사정은 좀 다르긴 했다. 전쟁 막바지에 시작된 미 공군의 공습으로 민간인 수십만 명이 죽었다. '간토 대공습'이란 말을 들어본 독자도 계실 것이다. 공습은 간토 지역뿐 아니라 일본 전역에 행해졌고, 그 정점은 히로시마와 나가사키에 대한 원폭 투하였다. 무자비한 대공습은 나카무라가 본 대로 도시를 '벌판'으로 만들었다. 그러나 오키나와를 제외하고는 태평양전쟁에서도 지상전은 벌어지지 않았다. 눈앞에서 적군이 이웃과 가족을 죽이는 일은 겪지 않았다. 병사들은 동남아 밀림에서, 만주 벌판에서, 태평양의 고도에서 죽어갔지만, 그 참상은 매스미디어도 전해주지 않았다. 일본에 진주한 미군은 단 한 명의 민간인도 죽이지 않은 채 '신사적'으로 점령했다.

공군에 의한 폭격이 덜 잔인한 전쟁이라고 말하려는 것이 아니다. 다만 많은 일본인들이 전쟁을 나카무라처럼 기억하는 한, 전쟁의 참혹함을 진짜 안다고 할 수 있을까. 문학가 요시다 겐이치吉田健一가 말한 대로, 전쟁은 친한 사람과 헤어져 전쟁터로 간다든가, 원자폭탄으로 사람이 일시에, 혹은 천천히 죽는다든가 하는 것이 아니다. "그것은 선전포고가 행해지면 언제 적이 자기 문 앞에 나타날지 모르는, 또 그것을 당연한 것으로 각오하지 않으면 안 되는 것"이다(가토 요코加藤陽子, 《만주사변에서 중일전쟁으로》).

얼마 전 일본의 헌법기념일을 맞아 〈아사히신문〉이 현행 평화헌법에 대한 개헌 찬반을 묻는 여론조사 결과를 발표했다. 조사 결과 개헌 찬성 56퍼센트, 개헌 반대 37퍼센트로 작년에 비하면(개헌 찬성 45퍼센트, 개헌 반대 44퍼센트) 1년 만에 찬성 여론이 급격히 높아졌다. 개헌 여론은 2013년 이후 가장 높은 수치다. 다만 군대와 전쟁 금지 조항(제9조)을 콕 집어 물은 질문에는 여전히 개정 반대 여론이 높은 게 위안이라면 위안이었다(〈경향신문〉 2022년 5월 4일자 보도). 개헌의 '개' 자도 꺼내기 어려웠던 과거 분위기에 비하면 놀랄 만한 변화다. 동아시아는 다시 군비경쟁의, 그 어리석었던 시대로 돌아가려 하는 것일까.

근대 일본의 묻힌 목소리들

　　근대 일본의 아시아 침략은 제국주의 시대였던 당시에는 어쩔 수 없었다고 주장하는 사람들이 있다. 과연 그럴까. 청일전쟁이 시작되자 대부분의 일본 지식인들은 환호했다. 후쿠자와 유키치는 '문명과 야만의 전쟁'이라 했고, 무교회주의자 우치무라 간조內村鑑三조차도 '의전'으로 칭송했다. 청에 맞서 조선을 '독립'시킨다는 명분이었다. 승전 후 일본은 조선 독립은커녕 세력을 더 확대하기 위해 군비 증가에 열을 올렸다. 이때부터 침략에 반대하는 '비전론非戰論'이 터져 나왔다. 사회주의자 고토쿠 슈스이幸德秋水는 "장수는 끊임없이 전과를 올리지만 국민에게는 쌀 한 톨 생기지 않는다. 무력의 위세를 사방에 떨친다지만 국민은 한 벌의 옷도 얻지 못한다"며 전쟁을 위한 증세를 비난했다. 기독교도 아베 이소오安部磯雄

는 비전론이 공상에 불과하다는 비판에 맞서 "한쪽이 먼저 멈추지 않으면 전쟁이 끝나는 때는 오지 않는다. 만약 평화가 올바른 길이라면 평화를 세계에 선언하고 그 때문에 나라가 망한다고 해도 상관없지 않은가"라며 마치 전후의 평화헌법 체제를 예견한 듯한 발언까지 했다.

이들의 경고에도 일본 정부는 러일전쟁을 감행했다. 기관총 같은 대량 살상 무기와 참호전이 등장하며 현대전의 시초가 된 이 전쟁에서는, 청일전쟁과는 비교도 안 될 정도로 많은 사상자가 발생했다. 이를 본 여성 시인 요사노 아키코与謝野晶子는 승전에 취한 일본 사회에 충격적인 시를 던졌다.

"……아우여 죽지 말아라. 뤼순이 함락되든 함락되지 않든 무슨 상관이냐……. 천황 폐하는 자기는 전쟁에 나가지 않으면서 서로 사람의 피를 흘리며 짐승처럼 죽어라, 그게 인간의 명예다라고는, 생각이 깊으신 분이니, 그렇게 말씀하셨을 리가 없다……."(《너는 죽지 말거라》) 천황까지 거론한 이 시는 즉각 '난신적자亂臣賊子'로 매도당했다.

비전론이 너무 이상적이라면 이건 어떤가. 러일전쟁 후 일본 군부는 '제국국방방침'을 만들어 대륙 진출과 대규모 육군 건설을 계획했다. 이때 해군대학 교관 사토 데쓰타로佐藤鐵太郎는 《제국국방사론》을 써서 이를 비판했다(박영준, 〈러일전쟁 직후 일본 해군의 국가구상과 군사전략론: 사토 데쓰타로의 《제국국방사론》을 중심으로)). 그의 주장을 들어보자. 군대의 존재 이유는 타국을 침략하는 데 있는 게 아니라 평화와 통상을 유지하는 데 있으니, 일본은 열도 방위에만 전념하면 된다(방수자위防守自衛). 수백만의 육군을 대륙에 파병하는 것보다 한반도 침략을 단념하고 대신에 조선과 청의 육군 양성을 도와주어 러시아에 대항하게 하는 게 좋다. 그 좋은 예는 바로 영국이다. 영국은 불과 4만~5만 명의 육군만을 유지하며 유럽 대륙에 간섭하지 않고, 대신에 해군 증강에 힘써 지금과 같은 강대국이 되었다. 일본은 영국의 전략을 취해야 한다.

러시아가 한반도를 장악하면 일본이 위험에 처할 거라는, 당시 유행하던 반론도 일축했다. "어느 나라도 해상을 통과하지 않고서는 절대로 그 육군을 일본 영토에 침입시킬 수 없다. 설령 세계열강이 연합해 수백만 육군을 거느리고 우리 해안가에 이른다 해도 우리 연안에 수송할 수 있는 군비, 즉 우세한 해군이 없다면 아무것도 두려워할 것이 없다. 하물며 가까운 장래에 수백만의 대육군이 청과 한반도에 집결할 거라는 것은 몽상에 지나지 않는다." 합리적인 전략이다. 이순신 장군을 깊이 흠모했던 사토는 이렇게 군 수뇌부와 맞섰다.

일본 군부는 사토의 전략이 이상론이라며《제국국방사론》이 나온 지 2년 만에 한국을 병합했다. 그것은 육군 대확장의 길로 들어선 걸 의미했다. 얼마 지나지 않아 간도에도 시베리아에도 육군이 파병됐다. 만주사변도 일어났고 중일전쟁도 일으켰다. 수백만 명의 병력이 해외에서 전쟁을 했다. 이미 일본이 감당할 수 있는 수준이 아니었다. 결국 1941년 12월 일본은 진주만에서 문자 그대로 '자폭'했다. 이를 지켜보던 사토는 종교에 귀의해 재산을 헌납했으며 일본 '자폭' 석 달 후 세상을 떴다.

기로에 선 일본인의 자기인식

　　현재 일본은 자기정체성의 새로운 모색에 고심하고 있는 것 같다. 내가 보기에 이것은 1945년 패전이 강제한 자기인식에 대한 청산 또는 수정의 과정이다.

　19세기 후반에서 20세기 전반까지 일본에서는 민족주의가 그야말로 풍미했다. 그런데 그 일본 민족주의에서 규정한 일본과 일본인에 대한 자기인식은 이미 18세기 후반부터 널리 공유되고 있던 것들이었다.

　조선 지식인들이 문명 보편주의에 일방적으로 경도되었던 것과는 달리, 도쿠가와 시대의 일본 지식인들 사이에서는 문명 보편주의와 일본 특수주의가 경합을 벌였고, 점점 후자가 우위를 점하게 되었다. 이미 18세기 중반 논단에서는 "'일본'에게 '중국'은 무엇인가"라는, 흡사 국민국가 건설 초기에 나올 법한 논쟁이 벌어졌는데, 여기서 그들이 생각하는 '일본'과 '중국'이라는 개념은 국민국가 시대의 그것들과 별반 차이가 없어 보인다.

이런 논쟁을 거치면서 일본과 일본인에 대한 자기인식도 점점 구체화·고정화되어갔다. 물론 봉건국가에 해당하는 번藩을 '쿠니國'라고 부를 정도로 번에 대한 귀속감이 일차적으로 중요한 것이었지만, 한편에서는 그것들을 통합하는 '일본'이라는 개념도 점점 퍼져갔던 것이다. 이때 등장한 자기인식의 중요한 요소들은 다음과 같다. ① 단 한 번의 역성혁명도 없이 한 핏줄의 천황 가문이 계속해서 군림해온 만세일계의 나라라는 점, ② 무위, 즉 군사력이 강한 나라라는 점, ③ 한 번도 외국의 지배하에 들어가본 적이 없는 '독립'의 나라라는 점 등이다. 이밖에도 일본은 자연환경이 탁월하다든가, 일본의 쌀은 세계에 견줄 곳이 없을 정도로 맛있다든가, 심지어 일본인은 두뇌가 우수하고 성격이 온화하다는 '민족성론'과 같은 논의도 있었다.

주목할 것은 이상의 요소들이 근대 일본 내셔널리즘의 자기인식에 거의 그대로 계승되었다는 점이다. 즉 이미 18세기 말에 내셔널리즘적인 자기인식이 상당히 광범하게 퍼져 있었다고 볼 수 있는데, 이 점은 일본이 19세기 서양과 대면했을 때 어떻게 그토록 신속하게 강렬한 내셔널리즘을 성립시킬 수 있었는가를 설명해주는 하나의 열쇠라고 할 수 있겠다.

이 중에서도 특히 중요한 것은 앞의 세 가지인데 이에 대해 좀 더 자세히 살펴보자. ①은 흔히 중국과 비교되면서 얘기되어졌다. 즉 중국은 신하가 군주를 죽이거나 제위를 찬탈하는 일이 비일비재하게 벌어졌으나 일본은 그런 '불미스러운' 일이 한 번도 없이 천황 가문이 계속 유지되어온 '충忠'의 나라라는 것이다. 실제로는 고대에 천황이 시해된 적도 있고 천황 가문의 핏줄이 교체된 적도 있었지만, 적어도 7세기 이후에는 면면히 이어져왔기 때문에 당시 일본인들이 그렇게 믿을 만도 했다.

② 역시 중국과 대조적인 일본의 정체성으로 주장되었다. 중국은 '긴소매의 나라'이며 '처녀같이 나약한 나라'인 데 반해 일본은 '궁마弓馬의 나라', 즉 무력이 뛰어난 나라라는 인식이다. 도쿠가와 시대 눈부신 문화 발전에도 불구하고 일본인들은 중국에 대해 문화적으로 일본이 우월하다는 증거를 어디에서도 찾을 수 없었다. 이 때문에 아예 문을 포기하고 무의 우위를 주장하는 이런 인식이 널리 받아들여졌던 것이다.

③은 조선 등이 대비의 대상으로 흔히 거론되었다. 조선, 베트남 등은 중국의 속국인 데 비해 일본은 15세기 무로마치 막부의 쇼군들이 중국의 책봉을 받은 이후로는 한 번도 중국에 신속臣屬한 적이 없다는 것이다. 이 '독립' 담론이 강해질수

록 무로마치막부의 쇼군들은 지식인들에게 격렬한 비난을 받게 된다. 세계정세에 대한 정보가 풍부해지자 이 '독립' 담론은 중국과의 관계를 넘어 세계 규모로 확대되었다. 당시의 지식인들은 현재 서구 열강이 세계를 잠식해가고 있는 상황에서 비서양 국가 중 '독립'을 유지하고 있는 나라는 '만청滿淸'(중국), '터어키'(오스만튀르크제국), 그리고 일본이며 터어키는 곧 멸망할 것 같으므로, 결국 지구상에 비서양 독립국은 만청과 일본뿐이라는 인식을 보여주고 있다. 이 시기 '독립'이라는 말이 independence라는 의미로 명확히 사용되고 있는 것은 흥미롭다. 이 '독립' 담론은 당시 일본인의 자존심을 높여주기도 했지만, 위와 같은 상황에서의 독립이기 때문에 독립 상실에 대한 강한 위기감을 안겨주었다.

이상에서 언급한 자기인식의 요소들은 근대 일본의 국민교육, 미디어 등을 통해 '일본 국민'의 의식 속에 깊이 뿌리를 내렸다. 20세기에 활개를 친 군국주의를 이런 자기인식들이 떠받치고 있었음은 새삼 말할 나위도 없다.

그런데 1945년의 '갑작스러운' 패전은 일본인의 자기인식에 심대한 충격을 가져왔다. 먼저 '만세일계'의 천황은 가까스로 유지되었으나 천황의 존재감은 급속히 약화되었고, 일상생활에서 천황을 의식하는 경우는 거의 없어졌다. 무위가 뛰어난 나라라는 오래된 자기인식은 원폭 희생의 나라, 평화국가라는 인식으로 그야말로 드라마틱하게 바뀌었다. 패전 후 70여 년간 지속되어온 이 평화국가라는 인식은 일본사 전체를 통틀어 매우 이례적인 것으로 일본의 재군비를 주장하는 '보통국가론'이 신속하고 광범하게 퍼져나간 것은 이런 배경 때문이다.

한편 역사상 외국에 점령당한 적이 없다는 '독립' 인식도 극적으로 무너졌다. 인종도 문화도 전혀 다른 이국인이 수도를 점령하고 약 7년간 군정을 실시했다는 사실 앞에서 일본인들은 만방에 유례가 없는 '무결점국가無瑕之國'라는 신화를 더 이상 주장할 수 없게 됐다.

이처럼 1945년의 패전은 단지 군사·정치적 패배가 아니라 적어도 200년, 어쩌면 그 이상을 유지해온 일본인의 자기인식이 극적으로 붕괴한 것을 의미했다. 그러나 이런 붕괴는 일본인 자신에 의한 것이 아니라 철저히 외부로부터의 충격과 강제에 의한 것이었다. 이런 점에서 나는 패전 후 70여 년의 일본 사회를 적어도 자기인식의 관점에서는 '일탈적'인 것으로 본다. '보통국가론'에서부터 '아름다운 일본론'에 이르기까지 근자에 등장한 일본의 정체성에 대한 다양한 논의는 이제 겨우 일본이 자기인식의 붕괴라는 쇼크에서 벗어나 주체적인 자기정체성을 만들어내려는 움직임으로 보인다. 1990년대 이후 일본 사회의 혼돈은 이 자기정체성의 모색과도 관련이 있는 것 같다. 그 속에는 패전 전의 자기인식을 재생시키려는 움

직임도 있고, 그것에 대한 알레르기로 현실과 동떨어진 이상
적인 자기상을 제시하는 주장도 있다. 적어도 자기인식이라는
면에서 일본은 현재 전환기를 맞고 있는 것이다. 과연 일본인
들이 어떤 자기상을 만들어낼지 우려 반, 흥미 반으로 지켜보
고 있다.

3부   콤플렉스를
         넘어서 미래로

일본을 다루는 법

―――――― 1985년 2월 대학교 2학년을 앞둔 겨울방학 때였다. 두터운 회색 외투에 촌스러운 황색 목도리를 하고 대전 친구 집을 무작정 찾았다. 이문열의《젊은 날의 초상》같은 걸 읽으며 세상 허무는 혼자 짊어진 것 같은 행색이었다. 그 친구도, 그 부모님도 별로 반가워하지 않는 눈치였지만, 그래도 충청도 인심인지라 친구는 나를 따라나서 지리산 어느 골짜기쯤인가에 민박을 잡았다. 온돌의 온기에 둘이 잠깐 잠든 사이 이미 저녁 시간이 훌쩍 넘어 있었다. 밖으로 나와 보니 칠흑 같은 어둠이 이런 거구나 싶게 깜깜했다. 그런데 저 멀리 인가의 불빛 같은 게 보이고 무슨 풍악 소리 비슷한 게 들리는 게 아닌가.

호기심에 끌려 가봤더니 굿판이었다. 마당에서 여인네들이 양손을 닳도록 비벼대고 있었고, 마루 위에서는 잘생긴 박수(남자 무당)가 뭔가를 올려다보며 작두를 타고 있었다. 굿이 끝나고 엄동설한에 땀을 뻘뻘 흘리는 박수님께 다가갔다. 뭘 쳐다보며 그렇게 열심히 빌었나 궁금했다. 최영 장군? 관우? 어디 보자……. 헉, 마루 안쪽 깊숙한 곳에 걸려 있는 사진은 박정희였다. 충격이었다. 10·26사태 후 5년 조금 지난 때였다. 온 세상이 그의 독재와 인권 탄압, 지저분한 사생활을 욕하던 시절이었다. 다음 날 놀란 가슴을 안고 공주 근처 어느 절에 갔다. 헉, 그 절 강당에도 큼지막한 박정희 사진이 정면에 걸려 있었다. 어린 뇌리에도 '아…… 저 독재자가 18년 동안이나 집권할 수 있었던 이유가 있었구나. 내가 속한 지식인 사회와는 전혀 다른 세상이 있구나' 하는 생각이 들었다.

옆길로 샜는데, 얘기하고 싶은 것은 박정희가 아니라 일본 천황이다. 한 10년 전 일본의 어느 시골에서 민박을 했는데, 내 방에 히로히토 천황의 사진이 떡하니 걸려 있었다. 그 왼쪽에는 아키시노노미야秋篠宮(나루히토 현 천황의 동생) 부부가 이곳을 방문한 사진이, 오른쪽에는 이 집 조상 누군가가 천황에게서 받은 훈장이 나란히 걸려 있었다. 나는 원래 깊은 잠을 자지 못하는 편인데, 중간중간 깰 때마다 히로히토가 내려다보고 있으니, 더욱 잠을 설쳤다.

일본에서 천황의 존재감은 우리 일부 민중의 박정희에 비견될 게 아니다. 계층, 지역, 성별, 연령, 좌우 불문 전 국민적이다. 여론조사를 하면 천황제 찬성이 95퍼센트에 달한다. 여론조사에서 저 수치는 사실상 반대 전무를 뜻한다고 한다. 이명박 대통령이 한국 대통령으로는 처음으로 독도에 상륙했을 때보다, 그가 천황 사죄 요구 발언을 했을 때 일본 여론은 훨씬 악화됐다. 친한파 인사들까지 등을 돌렸다.

일본 민족주의의 핵심에는 이런 천황이 있다. 수천 년 되었고 살아 움직이는 상징이다. 일본 민족주의가 깊고 굳지 않을 수 없는 이유다. 일본제국은 민족주의와 제국주의로 비참한 패망을 맞았다. 그래서 패전 후에 민족주의나 애국주의는 거의 금기시되어왔다. 스스로를 민족주의자나 애국자라고 하는 사람은 약간 이상한 취급을 받는 분위기였다. 그러나 나는 일본인들의 생활습관, 사고방식, 가치관의 저변에는 그들이 자각하지 못하는, 혹은 애써 부정하려고 하는 민족주의가 있다고 느껴왔다. 아베 신조 총리 집권 이후 이런 내 우려가 현실이 되는 것 같다.

반면 한국은 민족주의와는 거리가 먼 문화와 사상적 배경을 갖고 있다. 아직도 한국인의 심성 저류에 흐르고 있는 성리학적 사고방식에는 민족주의와는 거리가 먼 보편주의적 성격이 있다. 한국의 역사도 억지를 부리지 않는 다음에야 민족주의적 사관으로 해석하기는 어렵다. 천황 같은 강렬한 민족의 심볼도 적당한 게 없다. 한국 민족주의는 겉으로만 뜨거울 뿐, 그 기반은 아주 취약하다고, 난 생각한다. 섭섭해할 거 없다. 민족주의를 쉽게 받아들이지 못했던 보편주의적 성향, 불교든 성리학이든 기독교든 무엇이든 세계적인 것을 향한 강렬한 지향, 이것이야말로 한국·한국인의 최대 장점이기 때문이다. 이 점에서만큼은 한국은 일본보다 훨씬 원대하다. 보편 문명에 발 딛고 민족주의, 특히 반일 민족주의를 뛰어넘어 일본을, 아시아를, 그리고 세계를 리드하자.

6장

천황의 국민,
공화국의 시민

——— 일본 국민의 의식은 '천황' 아래 억눌려 있고, 일본의 민주주의 역시 그 이름 아래 제한되어 있다. 우리는 자랑스러운 공화국의 시민이다. 황제가 됐든, 천황이 됐든, 임금이 됐든 우리는 그 세계와 연을 끊고 공화국을 수립했다. '황'을 쓰느냐 어떤 연호를 쓰느냐가 조선 백성에게는 중요했을지 몰라도 우리 공화국 시민에게는 아니다.

'민족'과 '자유'도 일제 잔재?

예전에 한 광역자치단체 교육청의 '일제 잔재 청산 프로젝트'가 화제가 된 적이 있다. 친일 행적이 있는 작곡가가 지은 교가, 동서남북 등 방위명, '○○제일고등학교' 같은 순서가 들어간 교명을 바꾸고, 그 외에도 생활 속 일제 잔재를 찾아내는 데 수억 원의 세금을 지원하겠다고 했다. 특히 눈길이 가는 것은 일제 용어를 바꾸자는 내용이었다. 여기에는 '반장', '훈화', '휴학계', '파이팅', '간담회' 등이 꼽혔다. 이것들이 일본말인지 아닌지에 대해서는 식민지 시대 전공자인 이승엽 교수가 페이스북에 자세히 써놓았으니 참고하시길 바란다.

위의 말들이 다 일제강점기에 쓰던 말이라고 치자. 이것들을 다 바꾸면 해결되는가. 학부모들의 협조를 요청하는 공문은 다음과 같이 시작한다. "올해는 3·1운동 및 대한민국 임시

정부 수립 100주년인 해입니다. 바른 역사의식과 정체성 확립 및 민주적 학교 문화 조성을 목적으로 경기도 교육청에서 '학교생활 일제 잔재 청산 프로젝트'를 계획하여 실시하고 있습니다." 이 두 문장 속에 밑줄 친 단어들은 다 '일제 잔재'다. 필자가 아는 것만 밑줄 쳤으니 안 친 단어들 중에도 더 있을 것이다. 일제 용어를 청산하자는 공문에 이 교육청은 왜 이렇게 많은 '일본어'를 썼는가. '민족의식'을 함양하겠다는 충정은 이해한다. 그러나 '민족'도 '의식'도 메이지 시대 일본 지식인들이 서구 용어를 번역하면서 만든 말이다. 이뿐인가. 신문, 출판, 도서관, 헌법, 민주주의, 야구, 대학, 물리, 철학, 법률, 과학, 자연, 계급, 공화, 진화, 유물론……. 일일이 셀 수가 없다.

그래도 이것들은 한자 개념을 이용해서 새로 만들거나, 아니면 기존에 있던 한자 의미를 새롭게 바꿔서 만든 것들이다. 아예 순일본어를 한자로 표기한 것도 헤아릴 수 없이 많다. 취조取り調べ, 입장立場, 절상切り上げ……. 이건 좀 더 '찐한' 일제 잔재인가. 이런 사실은 무슨 대단한 전문적인 것이 아니라 위키피디아만 찾아봐도 다 나오는 것들이다.

어느 현충일이었다. 한 방송의 아나운서가 국경일에는 국기를 게양해야 한다며, 단 '게양'은 일본말이니 '국기 달기'라는 말을 쓰자고 했다. 그게 우리 민족의 언어생활을 일제 잔재에서 벗어나게 하는 길이라고도 덧붙였다. 이분은 현대 한국어 형성의 역사를 잘 모르고 있다. '게양'이 일본어라면 '국기'도 '민족'도 일본어다. 뜻밖이라고 생각하겠지만 '국어'나 '국사' 역시 이 기준으로는 일본어다. 무엇보다 본인이 하는 일인 '방송'도 그렇다. 예를 들어 '민족民族'이란 어휘는 'nation'이라는 서양어 개념이 들어오자, 메이지 시대의 일본 지식인들이 고민 끝에 만든 말이다. 일본에서는 1900년 전후로 쓰이기 시작했고 우리 사회에서는 1905년경부터 많이 쓰였다. 방금 쓴 우리 사회의 '사회'도 똑같은 사례다. 'society'라는 낯선 개념을 수용하려고 일본인들이 만든 말이다(박훈,《메이지유신을 설계한 최후의 사무라이들》중 맺음말).

우리는 5년마다 대통령 선거를 치른다. 그런데 재미있게도 '대통령'도 '선거'도 19세기 후반 일본에서 만들어졌다. 그에 비해 '대권大權'은 메이드인 코리아다. 그럼 우리는 대권은 쓰고 대통령이나 선거는 없애야 할까. 작가 김규항은 대권이 왕조시대에나 어울리는 말이지 민주공화국에서는 쓸 게 아니라고 했다. '잠룡'도 마찬가지다. 대권이나 잠룡은 일본이 만든 말은 아니다. 그러나 이 단어들은 대통령을 암암리에 왕조시대의 임금과 등치시키려는 우리들의 오랜 사고 습관을 반영하는 동시에 강화시킨다. 따라서 이 용어들은 대통령은 국민의 권한을 위임받은 공복에 지나지 않는다는 민주공화국의 정신을 훼손할 가능성이 있다. 반면 민족, 국사, 국기, 국가國歌는 19세기 후반 일본에서 나온 말이지만, 이 말을 쓰면 우리의 민족정신이 훼손되는가? 자유, 헌법, 권리, 민주주의, 사회를 없애지 않으면 우리의 민주주의는 후퇴하는가? '대권'을 없애야 하는가, '자유'를 없애야 하는가. 아니, 그전에 저 말들을 다 '청산'하고 '가정통신문'을 쓸 수 있는가?

천황인가, 일왕인가

일본의 임금을 무어라 부르면 좋을까. 해방 후 오 랫동안 천황이라 불러왔으나, 대략 1990년대부터 매스미디어 는 일왕이라 하기 시작했다. 그러나 한국 정부는 공식적으로 는 여전히 천황이라고 한다.

1868년 메이지유신이 발발하자 일본은 조선에 신정부 승인 을 요청했다가 보기 좋게 거절당했다. 그 외교문서에 중국 황 제만 쓸 수 있는 '황皇'의 글자가 있었고 메이지라는 일본 연 호를 사용했기 때문이다. 조선은 개국 이래 중국만을 황제로 인정하고, 그 연호를 사용해왔는데, 일본이 이런 오래된 외교 관례를 갑자기 무시했으니 조선의 대응은 정당했다고 할 수 있다.

지금은 어떠한가. 천황이라는 호칭을 거부하는 사람들에

게 왜 그러냐고 물어보면 대부분 기분 나쁘고 자존심 상한다고 한다. 우리가 일본 밑에 있을 수 없다는 것이다. 지금 우리는 왕조시대에 살고 있나? 천황이라고 하면 우리 대통령보다 높은 게 되나? 그럼 우리도 대한제국으로 다시 돌아가 황제도 만들고 연호도 제정하면 자존심이 회복되나? 강희제康熙帝, 건륭제乾隆帝 같은 중국 황제는 그대로 불러도 괜찮나? 그렇다고 한다면 그야말로 왕조시대 사람이다.

1919년 3·1운동으로 대한민국 임시정부가 탄생했다. 신해혁명으로 황제 지배 체제가 무너진 중국에서는 위안스카이가 황제 부활을 시도했다. 하지만 한국인은 한 치의 미련도 없이 왕정을 폐지하고 당당히 공화국을 수립했다. 일본은 젊은 청년들을 가미카제神風로 내몬 자국의 천황제를, 나라가 결딴나고서도 결국 청산하지 못했다. 그래서 공식 국명이 일본 왕국도, 일본공화국도 아니고 어정쩡하게 '일본국'이다. 왕정 폐지는커녕 아직도 헤이세이平成, 레이와令和 하며 연호로 시대를 감각하고 서로의 나이도 확인한다. 천황이면 어떻고 일왕이면 어떤가. 애초에 이런 시대착오적인 역사 감각에 신경 쓸 필요가 있는가.

그럼에도 왜 천황 호칭을 군이 택해야 하는가. 아무리 과거사가 있고 사이가 안 좋다 하더라도 일본은 우리의 적국이 아니다. 일본 정부가 수출 규제를 도발했을 때 이에 항의하는 일본 지식인들의 성명서 제목도 '한국은 적인가'였다. 적국이 아니라면 그 나라의 호칭을 존중해주는 것이 성숙한 자세다. 한국을 제외한 전 세계가 천황Emperor이라고 불러주는 이유다. 한때 일본 극우 인사가 세계의 중심도 아닌데 왜 '중국'이냐며 '지나'라고 부르겠다고 한 적이 있었다. 만약 그런 사람들이 뭐가 크다고 대통령이냐, 난 소통령으로 부르겠다고 하면 어불성설일 것이다. 중화인민공화국의 수반을 기분 나쁘다고 주석主席 대신 말석末席으로 부를 수 없는 것도 같은 이치다.

대한민국 헌법 제1조는 "대한민국은 민주공화국이다"다. 감격스러운 문장이다. 그것도 모자랐는지 제2조는 "대한민국의 주권은 국민에게 있고, 모든 권력은 국민으로부터 나온다"라고 천명한다. 반면 일본국 헌법 제1조는 "천황은 일본국의 상징이며 일본 국민 통합의 상징으로서 그 지위는 주권을 가진 일본 국민의 총의에 기초한다"다. 어째 국민이 아니라 천황이 맨 앞에 나오나. 국민은 다음에라도 나오려나? "황위는 세습되며, 국회가 의결한 황실전범이 정하는 바에 따라 승계한다." 이게 제2조다. 국민의 권리와 의무는 제10조에야 나온다.

일본 국민의 의식은 '천황' 아래 억눌려 있고, 일본의 민주주의 역시 그 이름 아래 제한되어 있다. 우리는 자랑스러운 공화국의 시민이다. 황제가 됐든, 천황이 됐든, 임금이 됐든 우리는 그 세계와 연을 끊고 공화국을 수립했다. '황'을 쓰느냐,

어떤 연호를 쓰느냐가 조선 백성에게는 중요했을지 몰라도 우리 공화국 시민에게는 아니다. 천황 아니라 '옥황상제'라 한들 가볍게 불러주면 된다. 그게 민주공화국 시민의 자부심이다.

천황과 탄핵

　　1988년 9월 19일 일본 천황 히로히토가 병석에 눕고 이듬해 1월 7일 사망하기까지 벌어진 일에, 세계도 놀랐고, 일본도 놀랐다. 2차 대전의 패전으로 일본 사회의 전면에서 사라진 듯 보였던 천황의 죽음에 일본인들이 돌연 '1억 총자숙總自肅'에 들어갔기 때문이다. 진보와 보수를 가리지 않고 모든 신문 1면에는 마치 날씨 예보처럼 천황의 맥박과 체온 수치가 매일 실렸고, 방송국은 쇼, 예능 프로는 물론 CF마저도 중단했다. 거리의 네온사인도 꺼졌다. 심지어 우리의 노량진 수산시장에 해당하는 쓰키지築地 수산시장의 상인은 텔레비전에 나와 장사를 자제하고 있다며, 왜 그러냐는 질문엔 "글쎄요……"하며 머뭇거리더니 "음, 일본인이니까요"라고 답하던 장면이 지금도 생생하다. 일본에서 천황은 풀잎에 이는 바람에도, 거리의 돌멩이 사이에도, 사람들의 숨결 속에도 살아 있다고 했던 한 일본 지식인의 말이 실감나던 기간이었다.

　천황 가문은 아무리 늦게 잡아도 7세기 초부터는 가계家系가 확실히 추적된다. 세계에서 가장 오래된 가문 중 하나일 것이다. 게다가 1500년 동안 왕좌에서 내려온 적이 없다. 생각해보라, 신라 김씨 왕조가 지금까지 한국의 왕이라면 어떤 기분이겠는가. 그 장구한 세월 동안 수많은 정치 격변이 있었을 텐데, 왕조가 한 번도 교체되지 않았다는 것은 분명히 희한한 일이다. 정치를 잘못해서 천명이 떠나면 그 왕조는 교체할 수 있다는 합리적인 정치사상(역성혁명)이 통하지 않는 게 자랑할 일은 아닐 것이다. 그런데 도쿠가와 시대 일본 지식인들은 이걸 일본의 훌륭한 전통으로 자랑했다. 중국은 군주가 현명하지 않다고, 무능력하다고 감히 쫓아내는 나쁜 관습이 있는 데 비해 일본은 어디까지나 혈통을 중시한다고. 군주는 혈통이 중요한 것이지, 능력은 그다음 문제라고.

　하긴 천황은 성姓이 없으니 '성을 바꿀易姓' 수도 없다. 쇼와昭和 천황의 이름은 히로히토이고, 지금의 헤이세이 천황은 이름이 아키히토明仁이지만, 이들에게 성은 없다. 당연히 천황과 그 친족들은 민법의 대상이 아니다. 물론 호적도 없다. "천황도 해외에 나가던데 여권은 있나?"라고 일본 친구에게 물으니, "글쎄, 생각해본 적이 없네"란다. 조사해보니 1971년 히로히토가 전후 최초로 구미를 방문할 때 일본 정부 내에서 논란이 됐다. 결론은 '천황 폐하께서 외무성이 발급하는 여권을 들고 출입국 수속을 거치는 것은 매우 부적절하다'였다.

천황은 역사상 오랫동안 권력은 없고 권위만 있었다. 메이지유신 이후 천황에게 권력을 갖게 하려는 움직임이 있었으나 근대 천황제의 설계자, 이토 히로부미는 단호히 거부했다. 권력에는 성패가 있어 천황이 권력을 행사하는 순간 그 권위는 상처 입을 것이라고. 권력과 권위의 분리다. 이토 히로부미가 아니었더라면 히로히토는 아마도 패전 후에 맥아더의 처형을 피할 수 없었을 것이다. '1억 총자숙' 무드는 권력은 없지만 구름 위의 신성한 권위는 패전 후에도 건재했음을 적나라하게 보여줬다.

일본 여행 때 조금만 유심히 살펴보면 일본 전체가 천황 권위의 그물망에 싸여 있음을 알 수 있다. 동네 구석구석에 있는 신사들은 크건 작건 거의 천황가와의 연관을 강조하고 있고, 각종 역사유적들의 안내문 역시 종착역은 천황이다. 관광지를 옮겨 다닐 때마다 '메이지 천황이 쉬시던 곳', '쇼와 천황이 들르신 곳'을 표시하는 비석들이 즐비하다. 천황의 가족, 친족들이 왔다 갔음을 알리는 비는 더 많다. 도쿄를 대표하는 우에노 공원에는 아직도 '은사공원恩賜公園'(천황께서 하사하신 공원)이라는 표지가 서 있다. 천황을 정점으로 하는 권위는 아래로 분양(?)되어 사회 각계의 소권위를 만든다. 권력자도 권위자는 함부로 할 수 없다. 언뜻 보면 점잖은 사회이지만, 살다 보면 숨이 막힌다. 아무도 그 권위를 전복할 수 없으니……. 그것도 1500년 동안(!).

2017년 한국에서는 대통령이 탄핵되고 이어 전임 대통령이 연이어 구속되었다. 그와 함께 대통령직, 혹은 국가원수의 권위도 또 한 번 큰 상처를 입었다. 권력과 분리된 권위가 제대로 존재하지 않는 한국 사회에서 권위는 늘 권력의 성패에 의지하게 된다. 국민 대다수가 심복하는 사회적 권위가 쉽사리 형성되지 않는 이유다. 모든 것이 중앙으로 휘몰아쳐 올라가는 사회에서 최고 권력은 제왕적인 힘을 갖지만, 그만큼 모든 걸 책임져야 한다.

중앙 권력을 향한 풍압風壓은 가히 초대형 태풍급이다. 그 풍압은 무한한 권력을 주기도 하지만, 한순간에 제왕적 대통령을 날려버리기도 한다. 권위도 산산조각 낸다. 이런 사회에선 안정된 권력도 고색창연한 권위도 존재하기 어렵다. 일본의 권력자가 구름 위에 있다면, 한국의 권력자는 칼날 위에 바람을 맞으며 서 있는 존재다. 이 풍압을 능란하게 다뤄 거대한 발전의 에너지로 전환시킬 인물을, 우리는 찾고 있다.

역사교육, 다시 '우물 안 개구리'로 유턴?

　　교육부가 2012년부터 고등학생들에게 가르쳐온 교과목 '동아시아사'를 사실상 폐지하려는 움직임을 보이고 있다고 한다. 이에 동양사학회와 일본사학회를 비롯한 관련 학계가 강력하게 반대하고 있다. '동아시아사'는 주로 한·중·일 3국의 역사를 비교사의 시각에서 가르치는 것으로 교과목 창설 당시 국제적으로도 호평을 얻은 바 있다. 한국고대사 연구로 저명한 와세다대학교의 이성시 교수가 사석에서 "한국이 아니고서는 단행할 수 없는 역사교육의 큰 변화"라고 놀라움을 표시한 걸 지금도 생생히 기억한다.

　　그 이전 역사교육은 주로 '국사'와 '세계사'의 틀에서 진행돼왔는데, '세계사'의 주안점은 서구의 역사였다. 그 결과 한국 학생과 시민은 영국사나 프랑스사는 대강이나마 알아도 이웃 나라인 중국사나 일본사는 낯설어하는 비정상적 상황이 계속되었다. 해방 후 '서양만 알아도 되는' 시기에는 그랬다 하더라도 중국과 일본의 존재감이 점점 커져가는 현재 같은 상황에서는 안 될 일이었다. '동아시아사'의 탄생은 그런 시대적 흐름에서 나온 것일 터다. '동아시아사'는 이 지역의 역사가 얼마나 상호 밀접한 영향하에서 만들어져왔는가를 강조하며, 자국사에만 매몰된 우물 안 개구리식 역사 인식에 경종을 울려왔다. 또 한국사의 현상을 중국, 일본 등과 비교함으로써 우리의 경험을 늘 상대화하여 생각하게 하는 데에도 크게 기여해왔다.

그런데 세계사 교육도 한참 약화되어버린 상황에서 동아시아사마저도 퇴출시킨다고 하다니, 동아시아사 교과목 탄생의 배경이었던 동아시아 지역의 부상이라는 시대적 흐름이 지금은 바뀌었나? 바뀌기는커녕 중국은 미국과 맞짱 뜨는 나라로 커버렸고, 일본은 공세적 민족주의 국가로 변해가고 있다. '동아시아사 II'를 만들어도 시원찮을 판인데, 어째 거꾸로 가나?

극단적으로 말해 중국과 일본의 역사는 동아시아의 틀을 통하지 않더라도 그럭저럭 이해할 수 있다. 그러나 이 강대국들 사이에 있는 한국사는 이 지역 전체의 역사를 시야에 넣지 않고서는 제대로 설명해내기 어렵다. '역사의 국제 감각'이 있어야 한다는 말이다. 지금도 우리가 국제적 대립의 한복판에 서 있다는 것은 북핵 사태나, 미·중 대립 속 우리의 난처한 입장을 생각해보면 금방 알 수 있다. 이런 처지에 있는 나라가 '동아시아사'를 폐지한다니?

앞에서 '한국사'라는 말을 썼지만 아직도 우리 사회에 '국사'라는 용어가 널리 쓰이는 것은 '역사의 국제 감각'이란 면에서 심상치 않다. 사실 '국사國史'는 메이지 시대 일본에서 탄생한 말이다('국어國語'도 마찬가지). 강렬했던 일본 민족주의의 산물이다. '일본사'라고 해도 될 것을 '국사'라는 호칭으로 특별 취급을 하는 바람에 자국 역사를 타국 역사와 합리적으로 비교하고, 자국을 세계 속에서 상대화하는 일본인의 역사 감각이 무뎌졌다. 메이지 시대 이후 '국사'의 특권화로 많은 일본인들은 현실과 동떨어진 자기상을 구축했고, 국제사회의 실상을 오판했다. 그 폐해는 현재의 일본 사회에까지 남아 있다고 해도 과언이 아니다.

영국이나 프랑스에서는 영국사, 프랑스사가 있을 뿐 '국사'는 없다. 그걸 자각하고 일본은 몇 년 전부터 '국사'라는 말을 회피해서 '일본사'라는 말이 거의 정착했다. 반면에 한국에서는 역시 일본말인 '국민학교'가 늦게나마 '초등학교'로 바뀐 데 비해 '국사'라는 말은 여전히 활개를 치고 있다. 최근에 '한국사'라는 용어가 많이 사용되게 되었지만 '국사'의 위세는 꺾이지 않고 있다. 이 말의 연원과 문제점을 인식하고 있는 한국 시민도 그다지 많지 않을 것이다. 이런 분위기가 세계사와 동아시아사 교육의 축소에도 한국 사회를 무덤덤하게 만들고 있을 것이다.

한국사를 제대로 이해하는 것이 역사교육의 가장 중요한 목표라 치더라도 그를 위해서는 더더욱 세계사와 동아시아사를 배워야 한다. 한국사처럼 외부의 영향을 강하게 받은 역사도 흔치 않다. 중국사를 모르고 전근대 한국사를 이해할 수 있겠는가. 근대 일본사를 빼고 근대 한국사를 제대로 안다고 할 수 있는가.

한일 대학생 '일본 인식의 덫' 넘어서기

　　서울대 동아문화연구소와 포니정재단의 주선으로 한일 대학생들 간에 한일 관계를 주제로 한 토론이 있었다. "일본 학생들이 역사 문제에 대한 인식 없이 K팝이나 한류 드라마를 그냥 소비하는 건 우려할 만한 일"이라고 한 학생이 말하자, 다른 한 학생이 대답했다. "그렇긴 합니다만 그런 학생들도 존중해줘야 한다고 생각합니다. 그런 사람들을 역사의식이 없다고 비판하는 것은 또 하나의 가해가 될 수도 있으니까요. 일본 청년들이 BTS를, 한국 젊은이들이 유니클로를 자유롭게 소비하면 안 되나요?"

　뜻밖에도 전자는 일본 학생, 후자는 한국 학생의 발언이다. 이날 대화는 시종 이런 틀에서 이뤄졌다. 일본 측 히토쓰바시 대학교 학생들은《한일의 '답답함'과 대학생인 나「日韓」のモヤモ

ヤと大学生のわたし》라는 책을 공동 집필하여 한국 언론에도 소개
된 바 있다. 이들은 시종일관 일본의 책임과 한국에 대한 사과
를 주장했다. 이런 입장은 대체로 전후 일본 사회의 진보 진영
(사회당, 진보 지식인, 〈아사히신문〉)이 견지해오다 최근 우경화 분
위기로 세력이 약해졌다. 일본 학생들은 여기에 '피해자 인권
의 존중'이라는 측면을 더 얹으면서 일본 사회의 분위기에 강
인하게 대항하고 있었다. 그들의 '고군분투'가 기특하고 든든
했다. 그러나 나는 이런 입장이 그 도덕적 고결함에도 불구하
고 일본 보통 사람들의 입장과 심정을 세심하게 고려하지 않
은 탓에 지금처럼 수세에 몰리게 됐다고 본다. 그렇기 때문에
그들의 주장이 일본 시민들의 눈높이에서 보면 지나치게 이상
적인 것이어서 현재의 고립을 더 강화시키지는 않을까 하는
우려도 들었다. 물론 우리에게는 고맙고, 또 연대를 표해야 할
입장이다.

지금까지 한일 간 대화에서는 대체로 일본 측이 이런 입장
을 표명하면 한국 측이 호응·격려(?)하면서 함께 일본제국주
의나 현재의 일본 정부를 비난하는 형태가 반복되어왔다. 이
날도 이런 싱거운(?) 회의가 되겠구나 했는데, 아니었다. 한국
학생들이 이런 금과옥조 같은 말씀들에 까칠하게 반응한 것이
다. 졸던 귀가 깼다. 북한 문제와 관련해서 '민족끼리'를 강조
하는 일본 측(일본 진보 세력은 북한에 대해 비교적 우호적이었다)에

대해 한국 학생 A는 한국전쟁의 참화를 겪은 한국인들의 북한에 대한 감각을 잘 모르는 것 같다고 지적했다. 아마 지금껏 한일 간 대화에서 일본 측이 잘 접해보지 못한 반응이었을 것이다. 일본 학생이 일본의 미진한 역사교육을 비판하자, A는 한국도 역사교육에 관한 한 피차일반이라며 쿨하게 반응했다. 이에 일본 학생이 그렇더라도 가해자 일본과 피해자 한국은 다르게 봐야 한다고 덧붙였다. 어디까지나 한국은 비판 대상에서 제외하려는 의지가 강하게 느껴졌다.

일본 측이 가해자-피해자 프레임을 강조하며 가해자 일본을 강하게 비판하자 한국 학생 B는 그걸 부정하진 않으나 그와 동시에 '식민주의' 자체를 비판해야 하고, 그것이 당시 일본의 보통 사람들에게 끼친 폐해, 더 나아가 현재 일본의 국가주의 강화에 미친 악영향을 함께 시야에 넣어야 한다고 발언했다. 역사 문제를 한일 양국의 틀에 가두지 않고 제국주의 시대를 같이 겪은 전 인류의 반성 소재로 삼고자 하는 대담한 제언이었다.

한국은 전 세계에서 식민 종주국에 사과를 요구하고, 그걸 외교 문제로 삼고 있는 유일한 나라다. 한국이 국제사회에서 이 문제를 보다 설득력 있게 만들기 위해서는 '가해자가 피해자에게 사과하라'보다는 식민주의라는 괴물에 대한 공동의 투쟁을 촉구하는 것이 훨씬 좋은 전략일 것이다. 그것은 자유주

의나 민주주의에는 목소리를 높이면서도 식민주의에는 상대
적으로 둔감한 일본의 지식인을 일깨우는 길이 될 수도 있다.

　우리 20대 학생들이 기성세대가 걸려 있는 '일본 인식의 덫'
을 이렇게 장대높이뛰기로 넘어서고 있는 줄 미처 몰랐다. 그
들의 지성에 박수를 보낸다.

이상화의 '편파 해설'

　　베이징 동계올림픽 당시 인상 깊은 장면을 봤다. 일본의 고다이라 나오小平奈緒의 경기를 중계하던 이상화 해설위원의 모습이다. 화면을 보지 않았다면 한국 선수의 경기로 오해할 뻔했다. 이상화는 시종 편파적으로(?) 고다이라를 응원하다 뒤처지자 얼굴을 잔뜩 찡그리며 안타까워했다. 앞선 선수와의 격차가 벌어지자 그만 울음을 터트리고 말았다. 그 표정과 눈물에 가득 찬 진심은 누구나 동감할 것이다. 오랜 친구이자 라이벌에 대한 우정일 수도, 또는 벌써 만 36세가 된 스케이터에 대한 연민일 수도 있겠다. 친구의 눈물 어린 '편파 해설'을 아는지 모르는지, 경기 직후 한국 기자가 마이크를 들이대자 고다이라는 "Where's 상화?"라고 하더니 한국말로 "상화, 잘 있었어? 보고 싶었어"라며 웃었다.

그전의 평창 올림픽에서 이 두 사람이 보인 모습을 기억하는 분들이 많을 것이다. 고다이라가 자신의 올림픽 신기록 수립에 환호하는 일본 관중에게 "쉿" 하며 정숙을 요청하던 모습 말이다. 바로 뒤이은 이상화의 경기를 배려한 행동이었다. 경기 후 인터뷰에서 그녀는 "공정하게 경쟁하고 싶었다"고 답했다. 이상화가 은메달이 확정된 후 눈물을 터트리자 다가가 한국말로 "잘했어"라고 했다. 아침저녁으로 혐한 방송을 하던 일본의 TV프로그램도 이 장면을 대대적으로 보도하며 그날만은 '일·한의 우정'을 소리 높여 외쳤다.

아마도 이것은 인간사의, 스포츠의, 혹은 올림픽의 어떤 한 경지를 드러낸 장면일 것이다. 고다이라의 말대로 '빙판과의 대화'로 청춘을 보낸 고독했을 두 사람이 자신의 라이벌에게서 얼음을 녹이고도 남을 따뜻한 정을 찾아내고 나누었다. 그들이라고 질투, 시샘, 혐오가 한때나마 왜 없었겠는가. 그러나 빙판 위에서만은 잃지 않았던 두 개의 진심이 이를 뛰어넘게 했을 것이다.

베이징 동계올림픽의 편파 판정 논란이 뜨거웠다. 편파 판정은 규탄해야 마땅하다. 그러나 흥분의 도가니에서 규탄은 어느새 혐오로 번졌다. 급기야 "일본은 한국인이어서 싫어하지만, 중국은 사람이기 때문에 싫어한다"는 인터넷 댓글까지 보게 되었다. 덕분에(?) 일본에 대해서는 한결 부드러워졌다.

예를 들어 "일본 정부는 나쁘지만 일본인은 만나보면 착한 사람 많다"와 같은 유다. 혐오는 새로운 먹잇감을 찾는 괴물이어서 어제의 혐오 대상에 오늘은 아무 이유 없이 관대해진다.

'혐오는 혐오를 낳는다'는 진부한 말을 하려는 것, 맞다. '욕하면서 닮는다'는 흔해빠진 말을 하려는 것, 맞다. 상대가 일시적으로 극악한 짓을 해서 악마처럼 보일 수도 있다. 그러나 사람이든 국가든 오랫동안 모든 면에서 악마일 수는 없다. 마찬가지로 내가 그 상대보다 언제나 반드시 낫다고도 장담하기 어렵다. 그렇다고 장담하는 순간이야말로 욕하던 그 모습의 길로 접어드는 입구다. 사람, 다 거기서 거기다.

우리 사회에서 진영 논리가 기승을 부린 지 꽤 되었다. 진보와 보수, 한국과 일본, 이제는 남과 여, 청년과 노인까지……. 상대를 통째로 악마화하고 저쪽에도 다양한 결의 사람들이 존재한다는 걸 인정하지 않는다. 또 상대가 저질렀던 바로 그 행동이 같은 진영에서 보이는 건 못 본 체한다. 그걸 비판하려면 독립운동 정도의 용기가 필요하다. 그러다 어느덧 비슷해져간다. 승리를 쟁취한 혁명정부가 구체제보다 나을 것 없는 정권이 되어버리는 것도, 꿈에 그리던 독립을 쟁취한 민족주의자들이 식민주의자들 같은 폭압을 일삼게 되는 것도 이러다 생긴 일이다.

이렇게 보면 "이게 나라냐!"며 비장하게 출발한 정부가 "이

건 나라냐!"라는 냉소에 직면한 것도 새삼스러운 일은 아니었
다. 어느 쪽이 될지 모르지만, 이번 정권도 자신이 전 정권보
다 더 나을 것도 없다는 자세로 시작하지 않으면 같은 일이 반
복될 것이다. 그나저나 고다이라랑 경기했던 선수는 이상화한
테 서운하겠다.

7장

민족주의의
바깥을 상상하다

———— "한국과 일본의 관계가 불행했던 것은 약 400년 전 일본이 한국을 침략한 7년간과 금세기 초 식민 지배 35년간입니다. 이렇게 50년도 안 되는 불행한 역사 때문에 1500년에 걸친 교류와 협력의 역사 전체를 무의미하게 만든다는 것은 참으로 어리석은 일입니다." 토착왜구의 말이 아니다. 김대중 전 대통령의 말이다. 그것도 1998년 일본 국회에서 행한 연설에서다.

식민지는 '하늘이 알고 땅이 아는 문제'?

    몇 해 전 외신기자단 회견에서 한 일본 기자가 우리 관료에게 "식민지 문제에서 일본이 뭘 어떻게 더 하라는 것인가"라고 물었다. 우리 관료는 "하늘이 알고 땅이 아는 문제이니 더 이상 설명이 필요치 않다"고 답했다. 악의에 찬 질문에 대해 우리 국민의 감정을 표현한 말이었지만 외신기자들은 두고두고 수군거렸다고 한다. 결론부터 말하자면 보편적인 여성 인권 문제였던 위안부 이슈와 달리, 식민지 문제는 국제사회의 공감을 끌어내기가 쉽지 않은 이슈다. 세계인들에게는 "하늘이 알고 땅이 아는 문제"는 아닌 것이다.

    식민지 문제에 대한 국제사회의 입장은 우리와 많이 다르다. 알다시피 제국주의 열강을 제외한 전 세계 대부분의 국가들이 식민지가 되었다. 그럼 세계 도처에서 역사 문제가 벌어저야 할 텐데 한일을 제외하고는 잠잠하다. 사실 식민지 역사 분쟁은 한일 간이 유일하다고 해도 과언이 아니다. 영국과 인도, 프랑스와 베트남, 심지어는 일본과 대만 간에도 없는 현상이다. 이 특수 현상의 배경에 대해 앞에서도 언급한 적이 있다. 국제법도 전쟁에 대해서는 여러 말을 하고 있지만 식민지 문제에는 과묵하다. 국제법을 주도하는 열강이 식민지 문제의 공범이기 때문이다. 어쨌든 식민지 문제에 관한 한 국내에서 느끼는 체감과는 달리 국제 무대에서는 한국이 유리한 처지가 아니라는 사실을 명심해야 한다.

야스쿠니 신사 문제도 세심하게 다뤄야 한다. 이 이슈의 초점은 중일전쟁과 태평양전쟁을 주도한 A급 전범 14명을 합사한 데에 있다. 상대가 미국과 중국이다 보니 일본도 함부로 하지 못한다. 2013년 아베 전 총리가 참배한 이래 총리 참배는 여태 못 하고 있다. 현재는 한국, 중국, 미국이 일본을 협공하는 형국이다. 그러나 만일 다음과 같은 일이 벌어지면 어떻게 되나? 일본에 지금보다 자유주의적인 정권이 들어서서 A급 전범 위패를 다른 곳으로 옮기는 것이다. 아마 미국과 중국은 대환영할 것이고 문제 종결을 선언할 것이다. 한국도 그럴 수 있을까. 야스쿠니 신사에는 청일전쟁, 러일전쟁, 한국병합 과정에서 죽은 병사들이 영령으로 모셔져 있고, 그 안의 유취관遊就館이라는 박물관에서는 일본이 한국을 식민지화하는 과정을 미화하는 전시가 버젓이 행해지고 있다. 그 정도가 매우 심하고 노골적이다.

일본이 야스쿠니 신사에서 A급 전범 위패를 빼내고 그 대가로 야스쿠니 신사를 국립묘지화하는 수순을 밟는다면 이번에는 미국, 중국, 일본이 한편에 서고 한국이 고립되는 상황이 올 수도 있다. 미국과 중국이 문제로 삼는 것은 일본의 전쟁 행위이지 식민 행위가 아니기 때문이다. 이렇듯 식민지 문제에 관한 한 국제 환경은 우리에게 녹록지 않다. 식민 지배의 불법성 인정과 법적 배상 요구는 일본이 응할 리도 만무하지만, 진짜 그렇게 하려면 과거 식민 종주국들의 허락(?)을 받아야 할 것이다. 그 여파가 그들에게도 미칠 수 있기 때문이다. 이런 원리주의적인 대일 자세로는 한 치의 진전도 보지 못한 과거의 상황을 반복하게 될 것이다.

한일 간의 문제가 죽창가나 보이콧, 혹은 혐한으로 해결되지 않는다는 것이 명백해진 이상, 우리는 다시 준비해야 한다. 역사 문제는 앞으로 위안부 문제와 마찬가지로 점점 국제화될 것이므로 우리의 준비도 세계인을 설득할 수 있는 것이 아니면 안 된다. 나는 일본 정부에 식민 지배를 통렬히 사죄하고 미래 파트너십을 약속한 무라야마 담화(1995년)와 김대중-오부치 선언(1998년)으로 돌아가라고 촉구하는 데서부터 시작해야 한다고 생각한다. 일본 정부가 자기 입으로 한 말들이니 우리가 압박하기도 좋다. 이제까지 아베 정부도 스가 정부도 기시다 정부도 이것들을 부정한 적은 없다. 물론 한국 정부도 마찬가지다. 우리 독자들도 인터넷에서 쉽게 볼 수 있으니 한번쯤 이 담화와 선언들을 읽어보자.

갈등 풀 의외의 실마리

2019년 일본의 새 천황 즉위식을 보면서 묘한 감정을 느꼈다. 중국식의 장엄함이 아니라 깊은 엄숙함을 추구하는 듯 보였으나, 일본 국민에게 실례를 무릅쓰고 말하자면, 내게는 약간 재미있게 느껴졌다. 고대풍을 재현한 듯한(그러나 대개는 근대 이후 새로 만들어진) 각종 의례와 복장, 행동들이 마치 한 편의 인형극을 보는 듯했다. 정장을 입고 서 있는 남성들은 힘들어 보였고, 전통 복장을 한 여성들의 화장은 '21세기에, 뭐 저렇게까지'라는 생각을 들게 했다.

그러나 단 한 사람, 새 천황 나루히토德仁의 표정만은 인상 깊었다. 당시 만 59세의 중년 남성이었던 나루히토는 부친인 전임 천황 아키히토(이제는 상황上皇)를 닮아 온화한 미소가 보기 좋은 사람이나, 이날 그의 표정에서 나는 깊고 깊은 엄숙함을 느꼈다. 엄숙하면서도 뭔가에 짓눌린, 그 짓누름을 이겨내고 엄숙함을 지키려고 하는 '격투' 같은 것에 더 가까울지도 모르겠다.

천황가는 전 세계에서 가장 오래된 왕가다. 일본 정부의 입장으로는 2700년, 학계의 통설로도 1500년에 걸쳐 일본에서 왕 노릇을 했다. 달리 유례가 없다. 권세가 하늘을 찌르던 고대 귀족들도, 창칼로 천하를 제패한 사무라이들도 천황을 폐하고 그 자리를 탐하지는 않았다. 왜 그랬는지, 아직도 정설이 없다. 이런 장구한 역사를 거치면서 천황은 일본인에게 신화가 되었다. 19세기 후반 서양 침략의 위기 앞에서 천황은 순식간에 일본의 구심점이 되었다. 사생결단하며 싸우다가도 천황 앞에서는 멈췄다. 일본은 이 덕에 청일·러일전쟁에서 이겼지만, 그 탓에 진주만으로 젊은이들을 밀어 넣었다.

태평양전쟁 패전에도 천황의 권위는 요지부동이었다. 맥아더는 이를 간파하고 히로히토와 협력하는 길을 택했다. 천황은 더 이상 권력의 전면에 나서지 않았지만, 일본 국민들은 그를 잊지 않고 있었다. 1989년 초 히로히토가 사망했을 때 일본인들이 보여준 '1억 총자숙' 분위기는 이를 증명한다. 지금도 일본 국민의 95퍼센트 이상이 천황제를 지지한다. 사실상 천황 반대가 거의 없다는 얘기다. 좌우도 빈부도 지역도 없다. 그런 일본에서 메이지유신 이후 다섯 번째의 천황 나루히토

(연호는 레이와)의 시대가 열렸다. 그러니 59세 중년 남성의 표정이 끝 간 데 없이 엄숙하지 않을 수 있었겠는가.

일본에서는 혐한 분위기가 한창이다. 그 계기는 2012년 한국 대통령이 천황의 사죄를 요구한 것이었다. 우익에게 좋은 먹잇감을 던져준 것이다. 그 대통령은 독도에도 상륙했지만, 일본 여론에 미치는 영향은 천황 문제에 비교가 안 되었다. 독도 문제에는 한국에 이해를 표하던 많은 일본 지인들도 천황 사죄 발언 앞에서는 등을 돌렸다. 몇 년 전 비슷한 발언을 했던 우리 국회의장은 여러 차례 사과하며 곤경에 처했다.

일본인에게 신성불가침의 존재이니, 우리도 존경해야 한다고 말하려는 게 아니다. 천황에 대한 그들의 자세를 감안하고 계산하면서 일본을 대하자는 것이다. 독도·위안부·강제징용 문제에 아무 생각 없이 천황을 끌어들여 일본 우익을 신나게 하고 일본 내 우리 편을 내쫓을 이유가 뭐가 있는가. 우리 국익에도 결코 도움이 되지 않는다. 일본 문제를 다룰 때 우리는 철두철미 전략적이어야 한다. 특히 천황을 상대로는 섣부른 애국심보다는 전략적으로 그 존재의 무게를 이용할 필요가 있다. 얕은 애국심으로 국익에 깊은 손해를 끼친 것이 어디 한두 번인가.

아키히토 상황은 재임 시 일본 정사인《속일본기續日本紀》에 자신의 직계 조상인 간무桓武 천황의 생모가 백제 무령왕의 후손이라고 쓰여 있는 것을 잘 알고 있다고 발언하는 등 한국에 호의적인 것으로 유명하다. 그는 공주 무령왕릉을 방문하고 싶어 하는 것으로도 알려져 있다. 그러면서 아베 수상의 강경한 대아시아 정책에 대해서 거리를 두었었다. 지금 같은 한일 관계 분위기에서 다소 뜬금없는 제안으로 들릴지도 모르나, 이제 천황 자리에서 내려온 그의 희망을 양국이 한번 신중히 검토해보는 것은 어떨까.

실타래처럼 얽히고설킨 한일 관계는 논리나 증거 싸움으로는 해결될 수 없다. 정치적으로 '대범하게' 풀 수밖에 없다. 그러려면 양국 국민과 세계의 이목을 집중시키고, 여론을 휘어잡을 수 있는 상징적 이벤트가 필요하다. 아직까지 일본 천황이 한반도를 방문한 적이 없다. 비록 전임이지만, 얼마 전까지 그 자리에 있었던 아키히토 상황이 머나먼 조상을 찾아 무령왕릉에 오고, 그걸 계기로 두 나라가 아시아 최고의 선진국들답게 현안을 '대범하게' 처리한다면, 양국을 위해 그보다 더 좋은 일은 없을 것이다.

일본사 시민강좌

코로나가 기승을 부려 학회도 온라인으로 해야 하던 어느 날, 한 선생님에게서 전화가 왔다. 서울에서 먼 지방에 계시면서도 매달 열리는 학회에 꼬박꼬박 참석하시던 조용한 분이다. 이번에 정년퇴임을 하게 되었는데, 그 '기념'으로 학회에 기부금을 내고 싶다는 것이었다. 우리 학회가 그간 쌓아온 일본사에 대한 연구 성과를 시민들과 나누는 일에 썼으면 좋겠다는 나지막한 부탁과 함께 짧은 통화는 끝났다.

당시 일본사학회장을 맡고 있던 나는 학회 임원들과 상의하여 '일본사 시민강좌' 같은 걸 해보자는 쪽으로 뜻을 모으고, 코로나가 잠잠해지기만을 기다렸다. 그사이 〈경향신문〉에 공동 주최 의사를 타진했는데 흔쾌히 응해주었다. 고대부터 근대에 이르는 총 10회의 강연회를 2022년 하반기에 열었는데, 한국에서 처음 열린 일본사 대중강연 시리즈가 아니었나 싶다.

한국 시민들만큼 일본에 '관심'이 많은 경우도 달리 찾기 힘들 것이다. 거의 모든 분야에서 일본에 경쟁심을 불태우고, 그 동향에 신경을 쓰며 자주 비교한다. 젊은 세대는 꼭 그렇지는 않다고 하지만 전체적으로 보면 과언은 아닐 것이다. 일본 여행, 일본 음식, 일본 문화가 우리의 일상이 된 지는 이미 오래다. 그러나 그 '관심'에 비해 일본을, 특히 일본사를 얼마나 알고 있는가 자문해보면, 자신 있는 대답이 나오기는 어려울 것이다.

일본사는 일단 낯설고 어렵다. 역사극인 NHK 대하드라마 중 '역사 문제'와 관련이 먼 것들을 골라 공중파에서 방영하면, 그 거리가 조금이라도 좁혀질지 모르련만, 아직 요원한 것 같다. '관심'은 과도한데, 풍부한 지식과 정보에 기초한 체계적인 이해는 너무도 부족한, 그래서 무지와 오해가 난무하는 상황이 지금껏 계속되고 있다. 오늘날 어려움을 겪고 있는 한일관계를 슬기롭게 풀어나가는 데에도 이런 상황은 바람직하지 않을 것이다.

시민강좌는 한국 시민들이 관심을 많이 갖는 주제를 중심으로 진행되었다. 먼저 한일 관계사. '백제가 일본에 한자, 불교 등 문물을 전해주었다'와 같은 짧은 인상에서 벗어나, 그 실제 내용과 역사적 의미를 세밀히 들여다 보았다. 사실 이런 문제 들은 '한국', '일본'이라는 국민국가의 틀, 그리고 그것들을 정신적으로 지탱하고 있는 민족주의의 틀을 버리고 살펴봐야 제 대로 된 모습이 보인다. '민족주의'적인 기대를 갖고 접근했으나, 그것과는 전혀 다른 세계를 발견하는 기분, 그래서 내가 당연하게 여겨온 사고방식을 의심하고 상대화하게 되는 경험 이야말로 역사학의 참맛이 아닐까 한다.

다음으로 천황과 천황제. 일본은 고대국가가 성립한 이래 무려 1500년 동안 한 집안이 왕 노릇을 해오고 있는 희한한 나 라다. 게다가 그저 한 국가의 고색창연한 장식물이나 박제된 '문화유산' 정도가 아니라, 하이테크 시대인 21세기에도 그것 은 정신적·문화적으로 일본인에게 큰 영향을 끼치고 있다. 지 난 세기말 히로히토 사망 때 벌어진 '1억 총자숙'과 비교적 최 근 아키히토 천황의 양위 문제 논쟁이 이를 잘 보여준다. 그런 만큼 우리는 천황이냐 일왕이냐 하는 지엽말단적인 태도가 아 니라 천황의 기원과 역사적 경위, 그리고 근대에 들어와 천황 이 어떻게 변모해서 지금에 이르렀는가 하는 포괄적인 전망을 가질 필요가 있다.

또 하나, 우리로서는 피할 수 없는 식민지와 제국주의 문제가 있다. 이에 대해 우리 시민들이 공유하고 있는 것은 민족주의적인 서사인데, 이는 우리 내부를 단결시키는 데에는 유용했지만, 국제사회와의 소통을 방해해온 것도 사실이다. 지금까지의 민족주의 서사가 국제사회를 납득시키는 데 성공했다고는 할 수 없을 것이다. '일본사를 공부한 한국인 연구자들'이 식민지 문제에 대해 시도한 새로운 서사를 둘러싸고 청중과 열띤 토론도 벌어졌다. 이 강좌들을 묶은 책이 곧 출판된다. 독자들의 관심을 바란다.

한일 관계, 1998년처럼

"한국과 일본의 관계가 불행했던 것은 약 400년 전 일본이 한국을 침략한 7년간과 금세기 초 식민 지배 35년간입니다. 이렇게 50년도 안 되는 불행한 역사 때문에 1500년에 걸친 교류와 협력의 역사 전체를 무의미하게 만든다는 것은 참으로 어리석은 일입니다." 토착왜구의 말이 아니다. 김대중 전 대통령의 말이다. 그것도 1998년 일본 국회에서 행한 연설에서다.

김대중 사후 그에 대한 평가가 비판 진영에서도 달라지는 분위기다. 현재의 국제적인 소용돌이 속에서 그의 노련한 전략적 마인드가 달리 보이기 시작했기 때문일 것이다. 김대중의 전략가 기질은 특히 대일 정책에서 유감없이 발휘됐다. 그 결과가 1998년 '김대중-오부치 공동선언'이다. 당시 김대중 대통령은 오부치 총리를 만나 일본 문화 개방을 약속하는 등 파격적인 내용에 합의했다. 나는 이 문서가 한일 관계의 '헌법'이 돼야 한다고 생각한다. "오부치 총리대신은 금세기의 한일 양국 관계를 돌이켜 보고 일본이 과거 한때 식민지 지배로 인해 한국 국민에게 다대한 손해와 고통을 안겨줬다는 역사적 사실을 겸허히 받아들이면서 이에 대해 통절한 반성과 마음으로부터의 사죄를 했다." 선언문의 모두에 나오는 문장이다. 인터넷을 조금만 살펴봐도 알겠지만 이 외에도 천황, 총리, 의회 등 일본을 대표하는 국가기관들이 식민 지배에 대해 여러 번 사과했다.

세계적으로 독일처럼 전쟁 도발국이 사죄한 적은 있지만 식민지 지배에 대해 사과한 나라는 없다시피 하다. 열강 대부분이 식민 지배의 공범이니 열강이 만든 국제법에 그에 대한 배상이나 징벌 조항은 전혀 없다. 그렇게 보면 일본은 식민 지배에 대해 사과한 드문 예이고, 우리는 옛 식민 종주국에게 사과를 받아낸 거의 유일한 나라다. 이런 말에 당혹스러워할 한국 시민들이 많겠지만 사실이다. 그 진정성이야 어떻든 간에 한국 외교의 힘과 전후 일본 사회의 양식이 빚어낸 결과물이다. 김대중은 그 연장선상에서 다시 한번 일본에게 통절한 사과를 요구했고 일본의 사죄를 받아들였다. 그리고 제국주의 일본과 달리, 패전 후 새롭게 태어난 일본이 세계와 한국의 발전에 기여한 공을 평가하는 데 인색하지 않았다(선언문 3항).

그러고는 금단의 영역이었던 일본 문화에 대해 빗장을 풀어 제쳤다. 비난이 쏟아졌다. 특히 지지 기반인 진보 진영에서 '왜색倭色 문화가 전 국민을 친일파로 만들 것'이라며 맹렬히 반대했다. 김대중이 친일파고 토착왜구라서 그런 결단을 내린 것일까. 20년이 훌쩍 지난 지금 한일 문화시장이 어떻게 되어 있는지는 두말하면 잔소리일 것이고, 이런 상황을 아는지 모르는지 왕년의 반대 투사들은 조용하기만 하다.

이 공동선언문의 행간을 시종 지배하고 있는 것은 한국의 자신감이다. 대한민국은 이미 1965년 국력 차가 극심했던 국교정상화 협정 때의 나라가 아니었다. 해방 후 50여 년 만에 거대한 경제와 활기찬 민주주의를 다 거머쥔 나라였다. 그런 자신감이 김대중에게도 대한민국에게도 있었다. 그것이 맘에 다 차진 않더라도 일본의 사과를 받아들이고 전후 일본이 나름대로 해온 역할을 통 크게 인정하게 했던 것이다.

당시에도 위안부·역사교과서·독도 문제 등이 없었던 게 아니다. 김대중이 그런 문제들의 심각성을 몰랐을 리도 없다. 그러나 그는 함부로 죽창가를 부르지 않았다. 협상 아젠다의 우선순위를 조절하면서, 우리 민족의 도덕적 우월성을 유지하면서, 일본을 압박했고 존경을 이끌어냈다. 그의 계승자들은 도대체 김대중으로부터 무엇을 계승하고 있는가?

최근 우리 역사에서 익숙한 장면이 다시 펼쳐지려 하고 있다. 거대한 체스판이 움직이면서 그 파동이 고스란히 한반도에 닥치고 있다. 북한 핵 문제와 한일 관계 파탄은 그 전조다. 설마 하는 분들이 있을 것이다. 그러나 1차 세계대전 후 워싱턴 회의(1921년)에서 굳게 손잡았던 미국과 일본은 불과 20년 만에 전쟁에 돌입했다. 그러곤 싸움이 끝난 지 7년 만에 동맹을 맺었다. 잠깐 한눈파는 사이에 생각지도 못한 곳으로 굴러가는 게 국제 정세다. 다시 찾아온 이 고차방정식을 풀기 위한 첫 단추는 한일 관계다. 북한 핵 문제는 우리 힘만으로는 어쩔 수 없는 과제지만 한일 관계는 다르다. 우리 힘으로 얼마든지 해결할 수 있다. 한일 관계를 얕보면 안 된다. 한일 관계는 거대한 체스판이 어디로 움직이는지를 알 수 있는 리트머스 시험지다. 그 파탄은 단지 현해탄의 파란으로 끝나지 않을 것이다. 마침 미국과 일본에 새 정권이 들어섰다. 이제 우리 정부도 한일 관계를 개선하기 위해 적극적으로 나서는 분위기다. 1998년처럼 한국이 다시 한번 리드하자.

위험한 일본책

21세기는 일본과 함께 춤을?

책의 마지막 꼭지다. 이 책에서 지금까지 해온 주장의 결론은 전 세계인이 일본을 무시해도 한국인만은 일본을 무시하면 안 된다는 것이다. '재팬 패싱'은 통쾌하기는 한데 우리 국익에 장기적으로 도움이 안 된다. 지금은 거꾸로 전 세계 아무도 일본을 무시하지 않는데, 한국만 무시한다.

물론 전 세계가 일본을 존경한다 해도 한국인은 그럴 필요 없다. 끝내 존경하지 않으나 그렇다고 무시하지는 않는 자세, 그게 대일 자세의 입각점이라고 나는 믿는다.

동아시아사 2000년 동안 일본이 신흥 강국이 되어 국제 질서에 도전한 것은 두 번에 불과하다. 임진왜란과 청일전쟁이다. 임진왜란 전 100여 년은 전국시대였다. 살아남기 위해 각지의 다이묘들은 대하천 유역을 개발하는 대모험을 감행하고, 농업 기술 개발에 전력을 쏟았다. 그 덕분에 농업 생산력이 비약했다.

때마침 은을 제련하는 기술(회취법)이 조선에서 들어오자 다이묘들은 은광 채굴에 목을 걸었다. 당시 세계 유통량의 30퍼센트를 차지하는 은을 수중에 넣었다. 은은 당시 국제무역의 결제 수단이었다. 그 막대한 은으로 중국의 사치품을 사들였고, 서양 상인들에게서 최신 무기인 조총을 대량으로 들여왔다. 농업 생산력, 은, 조총. 몇백 년 만에 일어날까 말까 한 획기적 성과들이 겹쳐 일본은 순식간에 강국이 되었다.

그 후 400년, 일본은 정말 오랜만에 다시 한번 요술방망이를 손에 넣었다. 산업혁명과 서양식 군대다. 1870년대 말부터 시작한 산업혁명은 약 15년 후 일본을 군사 강국으로 만들었다. 그 요술방망이의 힘도 컸지만, 일본이 더욱 활개를 칠 수 있었던 것은 지역 내 견제 세력이 없는 사상 초유의 사태 때문이었다. 늘 동아시아의 패자였던 중국이 역사상 가장 약체화되어 있었던 것이다. 아편전쟁부터 공산당 정권 성립까지 100년이라는 시기에 중국은 역사상 가장 허약했고, 일본은 가장 강력했다. 이 사상 초유의 사태가 일본의 제국주의를 가능하게 한 것이며, 그것은 불행히도 지금 우리의 바로 앞 세대에 일어난 일이다. 이 사실이 일본에 대한 과대평가, 과민반응,

허장성세 등 모순이 가득 찬 대일 자세와 심정의 배경을 이루고 있다.

2000년 동안 지역 질서에 도전한 것이 두 번이라면 그것은 구조적인 것이라기보다는 우연적인 것일 수 있다. 그만큼 앞으로도 쉽사리 재연될 수 없을 것이다. 임진왜란 때는 비록 쇠약해졌다고는 하나 명나라가 건재했고, 조선도 신흥 세력인 양반 사림들이 얕볼 수 없는 힘을 갖고 있었다. 만주에는 또 하나의 신흥 세력인 누르하치努爾哈赤의 여진족이 버티고 있었다. 제아무리 신흥 군사 강국이라 하더라도 도요토미 군대가 이 힘을 전복하기는 어려웠다. 임진왜란의 지리멸렬이 이를 웅변한다.

지금 중국은 19세기 말, 20세기 초의 '최약체 중국'이 아닌 G2다. 가까운 장래에 그 국력이 급감하리라고 보는 사람은 거의 없다. 미국은 여전히 동아시아에 관심이 많다. 일본은 그 미국에 고삐가 단단히 잡혀 있다. 한국은 구한말의 조선은 물론이고 임진왜란 때의 조선보다도 훨씬 강력하다. 아마도 적어도 수십 년 내에 이 상태에 큰 변화가 오기는 힘들 것이다.

내 일본인 친구들은 술에 취하면 떠든다. "일본은 중국에 굴복하지 않는다. 건드리면 맞짱 뜨겠다"고. 그럼 쿨한 표정으로 내가 말한다. "무슨 수로?" 술 취했어도 더 이상 헛소리는 안 한다. 일본인들의 병이다. 일본 정부는 현재 빚더미에 앉아 있다. 지역 질서에 도전하려면 어마어마한 돈이 든다. 내 친구를 비롯해서 그걸 위해 세금 더 낼 일본 유권자는 없다. 독재국가인 중국은 무리가 가능하나, 일본은 어렵다.

중국에 맞짱 운운하는 친구를 달래며 나는 일본이나 한국이나 강중국强中國 혹은 강소국强小國으로 서로 협력해서 중국을, 아시아를, 나아가 세계를 리드하자고 말한다.

한국과 일본은 세계적인 경제 강국이고, 아시아의 모범적인 민주주의 국가다. 양국의 문화 콘텐츠는 세계인들이 열광하며 국민들의 교육도 세계 최고 수준이다. 인구는 통일한국을 가정하면 합쳐서 2억 명이다.

역사와 영토 문제라고 난공불락은 아니다. 현명한 두 나라 국민은 긴 장래를 내다보고 밑에 깔려 있는 지뢰밭을 관리하며 앞으로, 앞으로 나아가야 한다. 그 목표는 애국도, 천황 만세도, 군국주의도, 부국강병도 아니다. 두 나라가 그동안 소중히 키워온 개인의 자유와 인권, 번영과 복지, 문화와 기술 발전이다.

에필로그

일본을, 세계를 리드하는 나라

어쩌다 일본을 공부하게 됐나 할 때가 있다. 아마도 다른 어떤 나라를 연구하는 것보다 '학문의 자유'가 제한당해서일 것이다. 강연을 할 때면 곱지 않은 시선으로 보는 분들도 있고, 신문 칼럼의 댓글은 안 본 지 오래됐다. 주변에서도 "할 말은 해라"라는 사람은 소수고, 가까운 분일수록, 특히 가족들은 조심하라고 한다. 내가 아는 일본학 전문가들 중에서도 자기도 모르게 자기검열을 하며 자조하는 분들을 자주 봤다.

그래도 귀국 직후인 20여 년 전에 비하면 훨씬 나아졌다. 그때는 안중근에게 사살된 이토 히로부미만이 아니라 근대 일본을 디자인하고 실행한 이토 히로부미도 알아야 한다고 하면 공격적인 반응이 나오곤 했으나, 최근엔 그런 분을 본 적이 없다. 그간의 일방적인 일본 인식에 문제가 있다고 보는 분들이 늘어나고 있는 걸 체감한다. 일본은 한국에 원죄가 있다. 많은 일본인들도 인정한다. 조금 다른 얘기를 하려다가도 "그럼 미국이 전후 개혁으로 일본을 좋은 방향으로 변화시켰으니 미군 점령기가 계속되었더라면 좋았겠네요" 하면 대개는 입을 다문다.

과거 일본제국주의의 행위에 대해 우리는 끊임없이 비판해야 한다. 다만 그것의 목적은 한국과 일본이 자유와 민주, 법치와 평화의 세계로 가기 위한 것이지 않으면 안 된다. 민족주의를 선동하기 위한, 언론사든 출판사든 시민단체든 자기 비즈니스를 위한, 혹은 정치적 이득을 위한 일본 비판은 이제 거둘 때가 되었다. 도산 안창호는 그의 많은 어록에서, 백범 김구는 《백범일지》에서, 우남 이승만은 《일본의 가면을 벗긴다》에서, 그리고 무엇보다 3·1운동의 〈기미독립선언서〉에서 우리의 위대한 선조들은 일본을 무조건 배척하지 않았다. 일본이 잘못된 길을 가고 있음을 충고하고, 그 길에서 벗어나 함께 손잡고 자유·민주·평화의 세계로 나아가자고 타이른다. 우리의 대일자세도 이래야 한다. 일본과, 자유·민주·법치·평화·인권·복지의 경쟁을 벌이자.

부록

너를 보니 내 옛날 생각이 나서 좋다
시바 료타료의 《한나라 기행》 리뷰

안중근, 이토 히로부미, 그리고 철도
김훈의 《하얼빈》 리뷰

너를 보니 내 옛날 생각이 나서 좋다

시바 료타로의 《한나라 기행》 리뷰

한일 상호 인식의 격변

중3짜리 딸과 산책을 나갔다. 후줄근한 차림의 50대 남자가 지나가자 딸이 말한다.

"일본 사람 같다……."

요즘 아이들에게 일본은 재밌고 귀여운 애니메이션을 만드는 나라이기도 하지만, 한편으론 어딘가 낡고, 심지어는 촌스러운 이미지인 모양이다. 아닌 게 아니라 나도 도쿄에 가면 어딘지 구닥다리 느낌을 받곤 한다. 50대인 내 세대에게는 꿈같은 일이 현실이 되었다. 일본 젊은이들의 한국 인식도 놀랄 만하다. 일본의 어떤 대학에 있는 지인이 수업 시간 중 한일 관계를 얘기하는데 한 학생이 말하더란다. "한국은 일본보다 더

부자인 거 같은데 왜 자꾸 돈을 달라고 해요?" 현재 한일 관계의 격변처럼 양국 젊은 세대의 상호 인식도 뭔가 큰 전환점을 지나고 있는 듯하다.

기성세대 사이에서도 큰 변화가 일고 있다. 반일주의 세례를 받고 자란 586이 우리 사회의 주류를 장악하면서 격렬한 반일 의식이 숨김없이 드러나고 있다. 이들은 이것이 해방 후 70여 년간 왜곡되어온 역사를 바로세우는 일이라고 정당화하겠지만, 뜻하지 않은 현상도 일어나고 있다. 이영훈 교수팀이 쓴 《반일 종족주의》라는 책은 거의 완벽에 가깝게 반일을 부정하고 있음에도 수출 규제와 반일 보이콧이 맞붙던 시기에 10여만 부가 팔려나가는 '기현상'을 보였다. 이는 너무도 격렬하고 일도양단식인 586의 반일 역사 인식에 뭔가 미심쩍어하는 시민들이 상당수 있다는 걸 보여주는 듯하다. 그러나 이보다 더 의미심장한 것은 '그래, 나 친일파다, 어쩔래?'라는 식의 '토착왜구' 자백(?)이 아무 거리낌 없이, 어떤 때는 반일주의자들을 조롱하는 맥락에서 빈번히 이뤄지고 있다는 것이다. 물론 이들이 친일파일 리는 없다. 반일주의의 과격화, 반일운동가들의 도덕적 혐의, 반일의 국내 정치 이용 등에 선을 긋는 지식인, 시민들이 많아지기 시작한 것이다.

일본 쪽 사정은 어떤가. 한국의 장구한 반일운동 역사에서도 찾아보기 힘든 비열한 언사와 행동을 반복하는 혐한론은 우리를 분노케 한다. 비록 이런 세력은 소수라 할지라도 이들의 운동을 용인하거나, 그처럼 과격하진 않더라도 한국을 싫어하는 분위기는 일본 사회 전체에 꽤 퍼진 듯하다. 20여 년전 일본에서 유학 생활을 경험했던 나나 내 주위 지인들은 한결같이 너무 놀라워한다. 20여 년 전의 분위기와 달라도 너무 달라졌기 때문이다. 많은 한국 사람들은 일본인들이 늘 한국 사람을 싫어하거나 경멸해왔다고 생각한다. 그러나 나의 체험은 정반대다.

일본 리버럴의 관대한(척) 한국 인식

20세기 말 후진국의 젊은이로서 선진국(당시 세계 경제 2위) 일본에 갔을 때 나는 주눅 들어 있었다. 그러나 거의 모든 사람들이 친절하게 대해줬다. 대인 관계에서 쉽게 상처받는 나는 이런 친절에 일단 안도했다. 역사 문제 얘기만 나오면 거의 모두 '스미마셍済みません~'하며 미안한 어조와 표정을 보였다. 대학 사람들만이 아니었다. 술집 아저씨도 집주인 아줌마도 어쩌다 과거사 얘기가 나오면 같은 표정이었다. 하긴 위안부 강제 동원을 인정한 고노 담화(1993년), 식민 지배에 대한 통절한 사죄를 표명한 무라야마 담화(1995년), 그리고 내가 늘 한일 관계의 헌법이 돼야 한다고 주장하는 김대중-오부치 선언(1998년)이 연이어 나오던 때였으니, 이들이 '공기를 읽고'(일본에서는 분위기를 파악하여 그에 맞춰 행동하는 걸 중시하는데 이를 '공기를 읽는다空気を読む'라고 한다) 내게 그렇게 대했는지도 모른다. 물론 그때도 태평양전쟁을 대동아전쟁이라고 미화하거나 한국 식민지는 좋은 의도에서 한 거라는 등 '망언'을 하는 사람들이 있었지만 시민권은 없는 듯 보였다.

그러나 이런 다정한(?) 태도를 접하면서도 나는 한 번도 유쾌한 적이 없었다. 어딘가 미심쩍었다. '아름다운 것은 그렇게 믿을 만하지 못하고 믿을 만한 것은 그렇게 아름답지 않다'는 말을 대체로 수긍하는 나에게 그들의 태도는 너무 아름답게 느껴졌다. 듣기 좋은 말을 하면서도 어딘가 모르게 내려다보는 느낌, 다정하게 대하면서도 왠지 동등한 상대로 여기지 않고 있다는 기분, 뭐, 그런 거였다. 아니나 다를까, 일본을 더 겪으면서 나는 일본의 좌파, 혹은 리버럴 지식인 같은 이른바 '양심적 지식인'들에게 이런 태도가 만연해 있다고 생각하게 되었다. 더 심각한 것은 이들이 대개 그런 묘한 자세를 스스로는 깨닫지 못하고 있다는 점이었다. 자유주의자이고 민주주의자이나 한국에 대해서는 식민주의적 자세를 알게 모르게 내재하고 있는 태도다.

일본 국민 작가 시바 료타로의 한국 여행

시바 료타로의 《한나라 기행》(원제는 '韓のくに紀行'. 왜 이걸 '한국 기행'으로 번역하지 않았는지 의문이다)은 1971년 작이니 벌써 50년이나 된 글이지만, 앞에서 말한 '미심쩍은' 한국 인식의 정체를 잘 보여주고 있다. 시바는 역사소설가로 일본의 국민 작가다. 요즘 '국민~'가 남발되고 있지만, 그야말로 이 용어에 딱 들어맞는 사람일 것이다. 《료마가 간다》, 《언덕 위의 구름》 등으로 국내에도 꽤 알려진 작가다. 그가 리버럴 지식인이냐는 논쟁의 여지가 있겠지만, 이 책에 보이는 그의 한국 인식은 좌우, 리버럴을 막론하고 이 세대 일본 지식인의 전형이라고 해도 과언은 아닐 것이다.

그는 역사소설 외에도 일본의 각 지역을 여행(이라기보다는 답사)하며 세밀하고 아름다운 기행문을 남겼는데, 〈주간아사히〉에 1971년부터 그가 죽은 해인 1996년까지 25년간 연재되었다. 일본 각지뿐 아니라 아일랜드, 네덜란드, 몽골, 대만, 중국 등 외국도 답사했는데, 이것들은 총 43권의 《가도를 간다街道を行く》 시리즈로 출판되었다. 한국을 다룬 이 책은 제2권이고, 제28권은 《탐라 기행》이다.

나는 시바의 소설에서 일본어의 간결함, 리듬감을 알았고, 록밴드 사잔 올스타즈サザンオールスターズ의 가사에서 일본어

의 기묘한 표현력을 맛봤다. 그러니 시바는 내게 일본어를 가르친 두 선생 중 한 명이다. 그는 역사학자 저리 가라 할 정도로 세세한 고증을 하면서도 이를 통찰력으로 버무린 다음 정갈하고 간결한 단어와 문장으로 툭툭 이야기를 진행시킨다. 유학 시절 사료의 동굴 속에 파묻혀 역사의 번지수를 찾지 못할 때, '언젠가 나도 저렇게 되고 싶다'는 망상을 품었던 적도 있다. 그의 기행문 시리즈도 다는 아니지만 꽤 재미있게 읽었었다. 물론 《한나라 기행》도, 《탐라 기행》도 그 시절 탐독했다. 그런데 그중 한 대목이 지난 20여 년간 머리 한 귀퉁이에서 맴돌며 사라지지 않았다. 시바가 경주에 가서 한 무리의 한국 노인들을 묘사한 장면이다. 자세한 건 기억도 나지 않는 그 장면이 왜 이리 오랫동안 잊히질 않는 건지, 오랜만에 이 책을 펼쳐 들었다.

학생 시절에는 일본어로 읽었다. 번역도 없었으니 당연했겠지만 일본어 연마를 해야 했고, 또 좋아하는 시바의 문장이니 기꺼이 읽었다. 이번에 한글 번역본을 읽으면서 그의 문장 맛이 상해 있지 않을까 걱정했지만 기우였다. 이제는 작고한 박이엽 선생의 번역은 시바의 느낌을 살리면서도 뭔가 번역자의 입김이 느껴지는, 그런데 그 콜라보가 놀라울 정도로 좋은 그런 글이었다. 다행이다.

사랑스러운 정체성?

시바의 여행은 쓰시마-부산-김해-경주-부여로 이어진다. 쓰시마-부산은 그다음 길을 가는 길목이니 사실은 가야-신라-백제 답사인 것이다. 먼저 가야의 본거지 김해다. '양심적 일본 지식인'들이 대부분 그렇듯 시바도 '반성적 역사관'을 자주 표명한다. 아예 초장에 "일본은 역사적으로 왜놈 소리를 들어도 쌀 만큼, 이웃 나라 조선에 대해서 잘한 것이 없다"(19쪽)고 선언하고 나선다. 고대사에 대해서도 백제 망명자들이 대거 일본에 와서 아스카飛鳥 문화를 형성시켰다고 서술한다. 한일 근대사를 반성하고 일본 고대사에 한국의 영향을 인정하는 것은 '양심적 일본 지식인'들의 기본적인 태도다. 한민족에 대한 존경심도 절절한 어구에 담는다. 경주에서 주민들의 들놀이를 보고는 "이 민족의 민족적 생명력은 이 들놀이를 보고 장구소리만 들어도 무서울 만큼의 감동으로 이해된다"(92쪽)고 하고, 경주 왕릉인 괘릉(원성왕릉)을 마주해서는 "숨이 막힐 정도의 아름다움, 이렇게 아름다운 왕릉을 갖고 그것을 천년 이상이나 지켜온 것만으로도 조선 민족은 무서운 깊이를 간직하고 있다 하리"(98쪽)라며 찬탄해 마지않는다.

그러나 이 작가에게 조선 민족의 '민족적 생명력'과 '무서운 깊이'는 어디까지나 미실현의 잠재력일 뿐이다. 가야-신라-

백제의 옛터를 여행하는 그의 뇌리에 박혀 있는 것은 이 민족의 장구한 정체성停滯性이다. 이와 관련된 구절은 일일이 열거하기 어려울 정도로 빈번히 출현한다. 일본에서는 고대가 끝나면서 이미 사라진 풍경들을 한국에 오니 볼 수 있다며 사뭇 낭만적이고 회고적인 어조로 한국 인식을 '아름답게' 풀어놓는다. 김해의 가락루를 보고는 "갑자기 덴표天平(8세기 중엽 나라 시대 불교문화의 절정기) 시대의 그 옛날로 들어선 것 같은 느낌이다"(71쪽)라고 추억에 젖고 경주에서는 20여 년간 나를 찜찜하게 했던 바로 그 묘사를 펼쳐 보인다.

불국사 근처 솔숲에서 마을 주민들의 춤 놀이를 본 것이다. 그는 "일본 상대上代에도 있었던 들놀이였다. 우타가키うたがき와 비슷할까. 일본에서는 만요萬葉(나라 시대 말기) 무렵에 이미 끊겨버린 이 풍습이 한국에서는 아직 생활 속에 생생히 살아 있다"(87쪽)고 한다. 숨이 막힐 정도로 아름다웠다는 괘릉 앞에서 노인들의 야유회를 목격하고는 "한민족의 광음은 느긋하게 진행되는 것이다. 우리 왜국에서는 저 '다이카 개신(645년)' 때까지는 어쩌면 야마토의 들녘에 존재하였을지 모르는 광음이, 지금의 이 소연한 세상에서 마치 거짓의 광경처럼 유연하게 이 일곱 명의 노인들 위를 비추고 있는 것이다"(100쪽)라고 한다. 게다가 시대를 더 거슬러 올라간다. "이 일곱 명의 늙은 농부들은 태곳적 그대로의 풍모를 잃지 않고,

소나무 아래에서 배를 두드리며 격양가를 부르고 있으니, 도무지 어찌된 노릇인지 알지 못하겠다(102쪽)"라며, 아무리 봐도 그들은 《십팔사략十八史略》의 〈제요帝堯〉 문장 속에서 튀어나온 느낌이라고 부연한다. 1971년 한국의 농촌 풍경은 일본 고대를 거슬러 중국의 상고시대까지 '격상'되었다.

더 고약한 것은 이 정체에 대한 향수를 잔뜩 표현한다는 것이다. "내가 만난 어느 농민의 모습에서도 자본주의적 경쟁사회가 생산해내는 저 험악함과 혐오감이 없다"(134쪽)라거나, "만약에 일본에서 율령적 이상이 조선왕조처럼 실시되고 메이지 시대까지 이어졌더라면, 일본의 농촌도 한국의 농촌처럼 유연한 정체—시적 전원으로서의 바람직한 상태—를 이어왔으리라"(135쪽), "제비들에게는 화학물질로 오염된 일본 전원보다 이 모하당 마을이 살기 좋다"(147쪽)라는 식이다.

그렇다면 시바는 전통주의자이며 아시아 중심주의자인가? 천만의 말씀, 정반대다. 그에게 일본의 역사는 중국이나 조선 같은 아시아적 정체를 돌파한 역사다. 그 계기는 사무라이 사회의 성립이다. 일본도 율령 체제였던 나라와 헤이안平安 시대에는 부패하고 정체했지만, "무사의 발흥이라는 일본사상 최대의 토착 집단의 출현이 이 바보스러운 율령 체제를 질겅질겅 난도질하여 가마쿠라막부라고 하는 토착 세력의 이익을 대표하는 체제가 성립함으로써 일본사는 아시아적인 것에서 해방"(166쪽)되었다. 이어 "일본인의 원형 체질인 무사라는 경쟁 원리의 화신이 만든 일본 역사와 국가는 사회의 고정을 바라는 아시아의 여러 민족에게는 실로 거추장스럽고 기묘한 것"(127쪽)이었다고 덧붙인다. '거추장스럽고 기묘한 것'을 부정적인 의미로 쓰고 있는 것이 아니라 반대로 일본인은 아시아와 다르다는 '탈아적脫亞的' 의미로 쓰고 있다.

그의 조선인 친구가 들려줬다는 어떤 고화古畫에 대한 해석에서도 이 점은 분명히 드러난다. 중국 황제가 조공 사절단을 접견하는 그림에서 다들 의관을 정제하고 있는데, "단 한 사람, 기저귀 한 장만 찬 천둥벌거숭이가 책상다리"를 하고 앉아 있더라는 얘기를 듣고는 "배가 터지게 웃었다. 통쾌하다고 하면 뭣하게 들릴지 모르나, 어쨌든 통렬한 느낌이었고, '그래, 그건 역시 왜일 것이다' 하는 생각을 하였다"(116쪽)고 한다. 일본의 후진성, 이질성을 아시아로부터 자립한 일본의 독자성으로 재빨리 치환하여 거기서 '통렬함'을 느끼는 것이 그가 내장하고 있는 일본 민족주의의 근간이다.

내 일본어 선생님한테 너무 가혹했나. 그만한 역사소설가를 한국은 아직 갖고 있지 못하다고 여전히 생각한다. 그러나 15년 후 펴낸 《탐라 기행》에서도 이 '정체성에 대한 애정'이라는 한국관은 변한 게 없다. 그뿐 아니라 전후 '양심적 일본 지식인' 대부분이 이를 벗어나지 못했다고 나는 본다. 그들의 '양심'은 이런 한국관과 모순되기는커녕 묘하게 동거해온 혐의마저 있다. 지적이고 다정한 어조로 이런 시각을 부지불식간에 노출해버리는 사람들을 숱하게 겪었다. 혐한이 일본 사회에서 커가고 있는 동안 대체로 이들은 적당한 범위 내에서 점잖게 나무랐을 뿐, 그것과 격렬하게 싸우지는 않았다고 나는 느낀다. 혐한이 일본의 '공기'가 되어가고 있는 지금, '양심적 일본 지식인'은 무기력하기만 하다.

안중근, 이토 히로부미, 그리고 철도

도쿄 호텔 로비에서의 대화

2022년 11월, 도쿄에서 도진순 교수(창원대 사학과)를 만난 때는 김훈 작가(이하 직함 생략)의 《하얼빈》이 장안의 화제가 되고 있던 때였다. 이른 저녁 무렵, 한일 역사가 회의 차였다. 고명高名이야 일찍이 듣고 있었으나 뵌 것은 처음이었다. 호텔 로비에서 만나 간단히 수인사를 나누고 선 채로 대화하던 중 그가 《하얼빈》에 대해 비판했다. 이미 얼마 전 그가 한 학술대회에서 이 소설을 비판하는 발표를 했다는 기사를 읽은 터라 흥미가 더했다.* 초면에 대뜸 학술적인 토론을 해오

---

* 〈조선일보〉 2022년 11월 14일자 기사(인터넷판).

는 모습이 인상적이었고 내용은 날카로웠다. 의외였다. 내가 아는 한, 김훈의 언어가 그런 비판에 직면하리라고는 생각해오지 않았기 때문이다.

어쨌든 한번 읽어야겠다는 생각은 했다. 차일피일 미루던 중, KBS에서 《하얼빈》으로 다큐를 만든다며, 내게 인터뷰를 요청해왔다. 김훈이 일본사 전문가의 인터뷰가 필요하다고 했다 한다. 김훈과의 인연은 없다시피 하다. 대학 졸업 후 들어간 신문사의 문화부장이 "김훈金薰이 나가니 박훈朴薰이 들어왔네"라며 농을 던진 일이 있었다. 당시 김훈은 일세를 풍미하던 문학 기자였으니 가당치 않은 비교지만 기분은 좋았던 모양이다. 지금까지 기억하고 있으니. 그건 인연이랄 것도 없지만, 2021년인가 한 신문사 강연에서 청중의 한 사람이었던 그를 처음으로 만났다. 강의 전 같은 테이블에서 식사를 하며 위 일화를 얘기했더니 빙그레 웃으며 "이름에 '薰' 자는 잘 안 쓰는데" 정도만 얘기하셨다. 그리고 강연 후 엘리베이터까지 같이 걸어간 짧은 시간이 인연의 전부다.

나는 안중근 전공이 아니어서 인터뷰를 고사했다. 그랬더니 이토 히로부미, 메이지 천황, 근대 일본의 제국주의 등 일본에 관해서만 '간단히' 질문하겠다며 정중히 재고를 요청하는 메일이 왔다. 생각 끝에 수락하고 《하얼빈》을 집어 들었다. 실제 인터뷰는 무려 한 시간 반에 걸쳐 위 질문을 포함, 종횡무진한 내용이었다. PD님에게 "제 인터뷰는 5분도 안 내보낼 거면서 뭘 이렇게 오래 찍어요?"라고 했더니, "5분씩이나요?"라고 했다. 참 솔직한 분이다.

의연함

의연毅然하다. 안중근도 그렇지만 김훈이 의연하다. 일본제국을 증오하지도 않고, 이토 히로부미를 쓰레기로 만들지도 않고, 담담하다. 안중근을, 우덕순을 신비로운 영웅으로 받들어 모시지도 않고 큰 눈만 껌뻑거리며 그들을 바라본다. 일제에 대해 쌍욕만 해대면 소설이 되고, 안중근을 추앙만 하면 작품이 되는 세상에서 이 글은 한참 벗어나 있다. 물론 도진순의 말마따나 그 시대의 전문가가 볼 때 '왜 이런 것도 확인 안 했지?' 할 정도의 기본적인 오류도 많다. 문헌 검토나 현장 답사를 조금만 더 치밀하게 했어도 피할 수 있는 사안들이다.• 소설가가 역사학자의 고증을 어떻게 견디냐고 할 수도 있겠지만, 일본의 국민 작가라는 시바 료타로에게 고증 갖고 시비 거는 역사학자는 별로 없으며, 그는 사료를 놓고 일급 역사가와

• 도진순, 〈이토 히로부미의 최후 여정과 '동양평화론': 소설 《하얼빈》의 시공간 및 프레임과 연계하여〉(미간행 원고. 미간행 원고의 인용을 허락해주신 도진순 교수께 깊이 감사드린다).

즐겨 대담을 한다. 꼬장꼬장한 역사학자의 비판을 성가시다 않고 김훈이 잘 수용하리라 믿는다. 우리가 김훈에게 거는 기대는 그런 수준일 것이다.

하지만 "《하얼빈》의 시야가 안중근과 이토, 한국과 일본의 국경을 넘어 확대되었지만, 내용의 근본 지향은 이와 반대의 방향으로 여전히 일방적, 일국적 프레임에 갇혀" 있다는 도진순의 비판은 내가 볼 때, 너무 가혹하다. 예를 들어 소설 도입부에 메이지 천황과 영친왕 이은이 만나는 장면에서 메이지는 군복, 이은은 기모노를 입은 것으로 설정한 것을 두고 "복장의 국적을 통해서 식민 내지 민족적 굴욕을 소환하려는 장치"라고 의심하며, 이는 "《하얼빈》의 취지가 반일 민족주의가 아니라고 한 작가의 지향과도 어긋난다"고 비판한다.[●] 나는 김훈이 왜 이런 설정을 했는지 알 수 없으나, 그 이후 전개되는 소설 전체의 방향을 봤을 때, 도진순의 우려는 지나치다고 생각한다. 내가 느낀 건 오히려 일본에 대한 의연한 자세였으며, 호텔 로비에서 들은 도진순의 진단과 내 느낌이 달라, 읽는 중 안도했나.

나는 문학 텍스트를 평가할 만한 훈련을 받은 적이 없다. 작품 비평은 문학 전문가들이 할 터이니 나는 그저 이 책을 읽고

[●] 도진순, 〈이토 히로부미의 최후 여정과 '동양평화론'〉.

떠오른 몇몇 단상만을 남겨놓고자 한다. 하필이면 일본 여행을 하루 이틀 앞두고 이 책을 잡았다. 전철에서 공항에서 조금씩 읽다가, 돌아오는 비행기에서 다 읽었다. 숙소 테이블에 올려만 두고 도쿄를 돌아다녔는데, 이상하게도 책 속 대화들의 분위기가 머리에서 떠나지 않았다. 이유는 나도 모르겠다.

철도라는 물성

내가 이 소설에서 가장 인상 깊었던 것은 안중근도, 이토 히로부미도 아니고 거듭, 거듭 언급되는 철도였다. 일본의 산업혁명은 이 철도를 타고 일어났고, 거기서 힘을 키운 일본은 한반도에, 만주에 근육질을 자랑하기 시작했다. 제국주의는 철도를 타고 왔다. 그러니 청일전쟁 당시 조선 민중들이 전신이나 철도를 끊는 걸로 저항감을 표출한 것도 당연하다. 그러나 끊고 달아난다고 될 일인가. 이 책에서 묘사된 안중근의 철도에 대한 시선은, 끊고 달아나는 자의 그것이 아니다. 일찍이 동네로 쳐들어온 동학당을 진압한(33쪽) 황해도 개화당 안씨 가문의 장남 아닌가. 그의 아버지 안태훈은 갑신정변으로 물거품이 되긴 했지만, 그 시절 일본 유학을 가려 했던 사람 아닌가. 동학당이나 위정척사파 의병이라면 몰라도 개화당이 철도를 끊는 식의 저항에 만족할 수는 없는 노릇이다. 이토가 조선의 유생 최익현에 대해 "그가 이 세계의 물성을 아는가. 그가 역사의 층위와 발전 원리에 관해서 무엇을 알고, 시대의 전개 방향에 대해서 무엇을 아는가. 그가 힘의 작동 원리를 아는가. 그가 웅장하고 허망한 언사를 설파함으로써 약동하는 세계의 풍운을 감당할 수 있겠는가"(82~3쪽)라고 일갈할 때, 이를 일소—笑에 부칠 수 없는 데에 안중근, 그리고 김훈의 고뇌가 있다.

근대 일본은 철도에 모든 걸 걸었다고 해도 좋다. 그리고 그 중심은 이토 히로부미였다. 이토는 22세에 영국 유학 중, 철도를 목격하고 경악한 바 있었다. 그는 메이지 정부의 초대 공부경工部卿(1873~8년), 즉 산업화에 필요한 사회기반시설을 건설하는 정부 부처의 총책임자였다. 그중에서도 주력한 것이 철도였다. 각종 사업으로 재정이 위기에 빠지자 정부에서는 철도건설을 연기하자는 주장이 힘을 얻었다. 그러나 이토는 끝까지 버티며 철도 예산만은 뺏기지 않았다.

메이지유신 직후 1870~6년의 기간에 철도 건설 관계로 정부가 지출한 액수는 988만 엔으로 동 시기 공부성工部省 지출의 40퍼센트를 넘었다. 정부의 1년 예산이 2000만 엔이던 시대에 신바시-요코하마, 고베-오사카, 오사카-교토 사이 100킬로미터도 안 되는 철도에 거액을 쏟아부었던 것이다. 메이지 정부는 각 분야의 일급 외국인 전문가를 다수 초빙한 걸

로 유명한데(오야토이 가이코쿠진お雇い外国人), 비슷한 시기 스카우트한 775명의 외국인 전문가 중 253명이 철도 관계자였다.●

메이지 정부라고 모두가 처음부터 철도 건설을 환영했던 건 아니었다. 일단 돈이 너무 많이 들었다. 이토는 영국 등 외국 자본을 끌어들이려 했지만, '천황 폐하의 땅을 외국에 팔아넘긴 매국노'라는 비난을 들어야 했다. 실권자인 오쿠보 도시미치도 철도에는 적극적이지 않았다. 오쿠보는 마차에서, 이토는 철도에서 암살당해 죽은 것은 의미심장하다. 국민들의 반응은 더 비호감이었다. '기관차는 연기를 내뿜는 악마'라거나, 철도 개통으로 근처의 숙박업소, 운반·운송업자가 파산한다는 아우성이 시작되었다. 철도 건설 부지의 지주들은 용지 매수에 응하지 않았다. 이런 만난萬難을 무릅쓰고 일본은 철도 대확장을 하여 곧 아시아 최대의 철도 대국이 되었다. 그 중심에 이토 히로부미가 있었다.

안중근의 철도만이 아니다. 순종황제의 남순南巡에도 철도와 열차는 등장한다(36쪽). 철도만이 아니다. 황태자 이은의 도일에는 증기선이 철도를 대신해 같은 역할을 한다. 증기선을 타고 일본으로 향하는 바다 위에서 이토는 말한다. "전하, 저것이 바다입니다. 바다를 본 적이 있으신지요? 물이 다하는

● 今西一, 「文明開化政策の展開」, 明治維新史学会編, 『講座明治維新 4: 近代国家の形成』, 有志舎, 2012.

곳에 큰 땅이 있고 그 너머에 또 물이 있습니다. 큰 배를 타면 이 물을 건너갈 수 있습니다. 지금 가고 있습니다."(10쪽) 이 장면에서 이토는 침략자이지만 동시에 아시아에서 맨 먼저 문명개화와 부국강병을 달성한 정치가의 풍모를 풍긴다. 김훈은 이를 굳이 감추지 않는다. 이토를 왜소하게 만드는 것만이 능사는 아니다. 그건 안중근의 자세가 아니기도 했다.

주변의 독자들 중에는 메이지에 대한 묘사가 인상적이었다는 이들도 있었다.《하얼빈》은 40년을 훌쩍 넘는 세월 동안 온갖 풍파를 겪어온 군주, 청일·러일전쟁을 총지휘한 군주 메이지의 위엄을 굳이 손상하려 들지 않기 때문이다. 적의 우두머리에 대한 조롱도 폄하도 그의 문장 속에서는 느껴지지 않는다. 그저 대면對面·대적對敵할 뿐이다. 의연하게. 김훈의 이런 시선이, 내가 아는 안중근의 시선에 가장 가깝다고, 나는 생각한다. "메이지의 황궁은 늘 고요해서 겨울에는 눈 쌓이는 소리가 들렸다."(59쪽) 메이지의 이미지는 시종 이대로다.

철도를 끊고 달아나지 않고, 타고 대항한다

철도와 총으로 대표되는 문명개화, 부국강병의 물결은 두렵기도 했지만 매혹적이기도 했다. 이토에 이끌려 한반도 남부 시찰에 나선 순종은 열차로 한강철교를 지나며 쇠붙이의 리듬을 전신으로 느꼈다. "이것이 쇠로구나……. 쇠가 온 세상에 깔리는구나"(38쪽)라며 힘겨워했다. 하지만 동네 산에서 노루를 한 방에 잡은 안중근은 "……총이란, 선명하구나"(23쪽)라고 중얼거렸다. 통감정치에 반대하는 '폭민대처상황보고서'를 "일파一波가 흔들리니 만파萬波가 일어선다. 산촌에서 고함치면 어촌에서 화답한다"고 자못 문학적으로 끝맺은 정보참모에게 이토가 "참으로 한가한 녀석"(18쪽)이라고 한 것처럼, 안중근에게도 이토에게도 '근대'는 선명한 것이었다.

이토가 하얼빈에 열차를 타고 온다는 소식을 들었을 때, 안중근은 총에 이어 철도에 직면했다. 근대의 수괴를 상대하기 위해서는 근대를 알아야 하고 이용해야 한다. "참으로 총을 아는 자"(우덕순에 대한 안중근의 평)가 필요했고, "대륙의 철도가 모두 하얼빈으로 모이는"(116쪽) 걸 아는 지식이 필요했다. "철도는 여순에서 하얼빈으로 가고 하얼빈에서 전 세계로 뻗어가고"(130쪽) 있는데, 이토는 그 철도를 타고 온다. "두 박자로 쿵쾅거리는 열차의 리듬에 실려서 그것은 다가오고 있었다."(100쪽) 안중근도 그를 맞이하기 위해서는 블라디보스토크에서 하얼빈으로 뻗어 있는 철도를, 역시 두 박자의 리듬을 타고 가야 한다. 안중근과 우덕순은 1909년 10월 21일 아침 8시 50분에 블라디보스토크역에서 하얼빈행 기차를 탔다. 기차표는 하얼빈에 22일 밤 9시에 도착한다고 명시해놓고 있었다.

이토는 26일 아침 9시에 하얼빈에 도착할 것이다. 이처럼 '선명'한 철도의 시각표가 없었다면 안중근은 이토를 사살할 수 없었을 것이다. 안중근은 철길이나 전신선을 끊고 내빼는, 그런 저항이 아니라 '철도와 총'을 가지고 '철도와 총'을 건설해 온 이토를 부수러 간다.

> 우덕순: 이토는 철도를 좋아한다는데, 하얼빈역 철길은 총 맞기 좋은 자리다.
>
> 안중근: 나도 철도를 좋아한다. 쏘기도 좋은 자리다.(117쪽)

그저 농담조는 아니었을 것이다. 안중근은 이토는 미워했지만, 그가 그토록 좋아한 철도는 싫어하지 않았을 것이다. 개화파이자 천주교도인 그는 그랬을 것이다. 안중근이 이토를 죽이려는 건 '철도와 총'이 싫어서가 아니라 이토가 그 선명한 것들을 갖고 불투명한 짓을 벌이기 때문이다. 철도와 총으로 이토를 죽여야, 그를 죽인 후에 우리 민족에게도 길이 열릴 것이다. 죽창으로 이토를 죽인다면, 죽임에 성공한다 하더라도 그 후에 우리 민족에게 길이 있을까. 안중근이 '철도와 총'의 사나이임을 이렇게나 반복해서 강조한 김훈의 역사 인식은 이렇다고, 나는 짐작한다.

덧: 안중근을 부끄러워하는 후손들?

안중근은 뤼순감옥에서 휘호를 남긴 것으로 유명하며, 아마 한국인이면 누구나 한 번씩은 그 유묵을 본 적이 있을 것이다.• 유묵 대부분은 일본인들(검사, 간수, 통역 등등)에게 준 것이다. 휘호를 해달라고 비싼 비단을 옥 안으로 들이민 것도, 또 안중근이 자기의견을 말하고 싶은 상대도 일본인이었으니, 자연스러운 일이다. 그래서 유묵 중에는 '증贈○○○~~, 대한국인大韓國人 안중근安重根 근배謹拜'의 형식으로 되어 있는 것들이 많다. '贈○○○'는 '○○○에게 드린다'는 뜻이며 '~~'에 내용이 적혀 있고, 끝은 '대한국인 안중근 삼가 드림'이란 의미다.

그런데 안중근의 유묵을 새겨놓은 전국의 수많은 비석, 각지 안중근 기념관의 유묵 전시물, 그리고 각종 관련 도록에는 놀랍게도 맨 앞의 '贈○○○'와 말미의 '謹拜'가 보이지 않는다. 비석에 새기거나 도록을 만들 때 다 삭제한 것이다. 독자들께서도 인터넷에서 한번 확인해보시라. 예를 들어 '동양대세사묘현東洋大勢思杳玄'이라는 구절로 시작하는 7언 절구의 원래 유묵에는 맨 앞에 '贈仙境先生', 맨 뒤에 '安應七 謹拜'가 들어있다. 그와 교분을 나눠온 사카이境라는 일본인에게 증정한

• 이하는 도진순의 〈안중근의 '근배' 유묵과 사카이 요시아키 경시〉,《한국근현대사연구》 104집(2023).

것이다. 그런데 1972년 보물로 등록될 당시 사진에는 '贈仙境 先生'과 '謹拜'가 지워져 있다. 도진순이 소장처인 숭실대 한 국기독교 박물관에 확인해봤더니, 이 부분에 종이가 덧대어 있다는 것이다. 보물로 등록할 당시 이 부분을 가리고 사진 등 록한 것이고, 그 후 그 사진이 유포되고 있는 것이다. 이뿐 아 니라 다수의 '삭제본'이 정본이 되어 온 세상에 유통되고 있는 것이다. '반일 투사' 안중근이 일본인들에게 붓글씨를 주고, 또 '삼가 드림'이라고 한 게 기분 나빴던 사람들이 한 일일 것 이다.

우리 국민은 불편한 진실이더라도 정확히 알 권리가 있다. 불편할지언정 그로 인해 주저앉을 만큼 약하지도 않다. 하물 며 이 유묵은 어디가 왜 불편한가? 동양평화에 대해 뜨거운 논쟁을 벌였던 취조 검사에게 기념으로 붓글씨를 써주고, 한 일 통역을 하느라 애쓴 일본인 통역인에게 수고했다고 붓글씨 를 남기며, "○○○에게 드린다"고 한 것이 부끄러운 일인가? 선물이나 편지 말미에 예의상 곧잘 사용하는 '謹拜'라는 말이 굴욕적인 말인가? 자기를 죽이려는 사람들, 그 죽임에 자의든 타의든 연루되어 몇 달을 함께한 사람들이 간청한 휘호를 써 주며 최대한 예의를 갖춰 그들을 오히려 감복시킨 안중근이 가리고 지울 만큼 부끄러운가? 독립국의 시민이 된 지 80년이 다 되어가는 우리는 왜 절망 앞에 서 있던 안중근만큼 당당하지 못한가? 자기 글씨를 부끄럽다고, 불편하다고 가린 채로 보물로 지정하고 세상에 유통시키는 후손들을 안중근은 어떻게 생각할까. "호의를 지닌 주제일수록 객관적 거리를 유지하려는 엄정성, 애국적 주제일수록 비판적 사유가 허용되는 학문적 개방성이 견실하게 확보돼야 할 것이다"●라는 도진순의 지적이야말로 안중근을 대하는 우리의 자세가 되어야 할 것이다.

● 도진순, 〈안중근의 어머니 조마리아의 '편지'와 '전언', 조작과 실체〉, 〈역사비평〉 142호(봄), 맺음말.

위험한 일본책

초판 1쇄 발행 2023년 8월 21일
초판 4쇄 발행 2024년 6월 17일

지은이 박훈
발행인 김형보
편집 최윤경, 강태영, 임재희, 홍민기, 강민영, 송현주
마케팅 이연실, 이다영, 송신아 **디자인** 송은비 **경영지원** 최윤영

발행처 어크로스출판그룹(주)
출판신고 2018년 12월 20일 제 2018-000339호
주소 서울시 마포구 동교로 109-6
전화 070-5080-4113(편집) 070-8724-5877(영업) **팩스** 02-6085-7676
이메일 across@acrossbook.com **홈페이지** www.acrossbook.com

ⓒ 박훈 2023

ISBN 979-11-6774-114-1 03300

만든 사람들
편집 강태영 **교정** 윤정숙 **표지디자인** THIS COVER **본문디자인** 송은비 **조판** 박은진